Norms and Games

中山康雄

規範とゲーム

社会の哲学入門

Norms and Games

: An Introduction to the Philosophy of Society

NAKAYAMA Yasuo

keiso shobo

まえがき

子供たちがする遊びの多くは、しばしば、一種のゲームの形をしているように見える。鬼ごっことかままごととかを考えてみてほしい。それらの遊びの中では、それぞれの参加者に役割が割り当てられ、その役割に従ってふるまうことで遊びが成立する。このように、互いに納得ずみの役割が課す制約に身をおき、その制約の内部で各々が行為することにより遊びは成立する。実際私たちは、幼いときからいま現在にいたるまで、規範的制約のもとに行為を形成し続けている。こうして考えてみると、規範に従ったり、ゲームをしたりすることは、人間にとって極めて根本的で自然なことと言えるだろう。本書で私が解明したいのは、この規範的制約やゲームの実行のもとでの行為形成という問題である。さらにこのような規範やゲームの分析をもとにして、私たちが生きている社会がどのように形成・維持され、私たちがその社会の中でどんな役割を担っているのかを哲学的観点から明らかにしていきたい。

哲学の分野では、ルードヴィッヒ・ヴィトゲンシュタイン（L. Wittgenstein, 1889–1951）の哲学やその影響下にあった考察の中で、規則やゲームというものが、一九五〇年代から一九七〇年代にかけて盛んに議論された。そして、この流れは現在まで途切れることなく続いている。このような後期ヴィトゲンシュタインとそれを足場に言語と社会の関係を明らかにしようとした人々の思索を総称して、私は本書で「言語ゲーム論」と呼ぶことにする。

また、一九六〇年代からは、言語行為論（speech act theory）が展開された。特に、この言語行為論の提唱者のひとりであるアメリカの分析哲学者ジョン・サール（J. R. Searl, 1932– ）は一九九〇年代頃から、制度や社会がどのように成立するのかという問題に対する提案を『社会的現実性の構築』（1995）や『社会的世界の製作』（2010）などの著作で行っている。サールのこのような仕事は、「社会存在論（social ontology）」と呼ばれる分野に属し、分析的形而上学[1]（analytic metaphysics）という領域に含まれる[2]。私も、拙著『共同性の現代哲学』（2004）以来、社会的事実や社会組織の概念規定の提案をしているが、このような私の仕事もこの社会存在論の領域に属していると言えるだろう。

従来、心の哲学や脳科学は、個人の心的状態やその基盤となる脳活動を研究対象とすることが多かった。しかし近年、心の哲学や脳科学という領域においても、個人の心的状態が共同性や社会性という特性といかに関わるのかということが研究されはじめてきている。例えば最近では、人間特有の社会性の解明に関わる複数の大型プロジェクト[3]が採択されて、研究が続けられている。本書が明らかにしようと試みるのも、まさに、この〈人間における社会性の創発〉という問題にほかならない。

本書で私は、知識や規範やゲームの人間集団による共有という現象の分析を通して、この人間の社会性の問題を明らかにするアプローチを提案したい。本書が試みるのは、言語ゲーム論や言語行為論により示された一歩を、さらに力強く前方へ進めることである。そして本書が、考察の基本的単位としてよりどころにするのが、規範であり、ゲームである。また、言語ゲームや言語行為というものも、規範やゲームを基盤にして解明できると、私は考えている。

それでは簡単に、本書の内容をまとめておこう。本書は、三部構成をとっている。第I部は導入部であり、第II部は理論編、第III部は応用編となっている。


第I部「言語哲学を基盤にした社会的現実性の分析」は、三つの章からなる。

第一章「言語ゲームと法」では、まずヴィトゲンシュタインの言語ゲームの考えを紹介する。言語ゲームは、言語と行為の関わりを描く視点を導入する。規則に従うということは、言語ゲームの一側面として考えることができるので、ここで規則の問題についても検討したい。また、イギリスの法哲学者H・L・A・ハート（H. L. A. Hart, 1907–1992）は一九六〇年代に、ヴィトゲンシュタインの影響のもと、法がもたらす規範の問題を、規則を基盤に解明しようとした。ハートの理論は、ヴィトゲンシュタインの言語ゲーム論に欠けていた制度的側面を補足するようなものになっている。この章の後半部では、このハートの法哲学の考えを紹介し、検討する。

第二章「言語行為論と行為の社会理論」では、言語行為の社会的側面に注目して考察する。言語行為論は、イギリスの日常言語学派に属する哲学者ジョン・L・オースティン（J. L. Austin, 1911–1960）とジョン・サールを中心に一九六〇年代に形成された理論である。サールは、言語行為論における規則の問題を分析する際に、ある種の規則が持つ事実構成的側面を発見し、このような規則を「構成的規則（constitutive rule）」と名付けた。ある種の規則が持つこの構成的側面は、社会での規範の生成において重要な役割を持つと私は考えている。そこで、サールの言語行為論の事実構成に関する議論をここでは紹介し、検討する。また、ドイツの社会哲学者ユルゲン・ハーバマス（J. Habermas, 1929– ）は、一九八〇年代にコミュニケーション的行為の理論を提案したが、この理論は言語行為論の修正案を含んだものである。この章の後半部では、このハーバマスの行為理論を言語行為論との関係に焦点を絞って紹介し、検討する。

第三章「サールの社会存在論」では、サールが『社会的世界の製作』（2010）で展開した議論を紹介するとともに、これを批判的に吟味する。このサールの著作は、基本的には、『社会的現実性の構築』（1995）と同様に、制度や制度的事実がどのように成り立つかという問題を、集団的志向性や機能帰属や構成的規則などの概念を用いて説明することを目指している。ただしこの新著では、制度的事実についてのより一般的な理論の構築が試みられるとともに、前著で用いられたいくつかの基礎概念を修正している。その根本テーゼをまとめると、だいたい次のようになる（p. 13）――「制度的現実性（institutional reality）は、地位機能宣言（Status Function Declarations）により創造され、維持されている」。宣言は、もともと言語行為のタイプのひとつとして考えられていたが、サールはこの新著では、この地位機能宣言は必ずしも、言語行為に限定されていないとしている。このようなサールの主張が精確には何を意味し、そしてそれがどんな問題点を持っているかについて、この章では考察することになる。

第Ⅱ部「規範とゲームの哲学的分析」では、私が新たに提案する規範体系とゲーム体系という枠組みについて、それがどのようなものかが説明される。

R・M・ヘア（R. M. Hare, 1919–2002）がメタ倫理学の議論の中で論じたように[4]、適切な道徳的判断は一般的な道徳原理からの推論によってなされると思われる。このことは、道徳的判断だけでなく、規範的判断一般に関しても成り立つだろう。第四章「規範体系とは何か」では、このような規範的判断を正当化する体系である規範体系論理学が提案される。この章では主に、規範体系を用いた推論について例を用いながら説明していく（なお、規範体系の精確な規定やその論理的性格については、付録1で記述することにする）。

第五章「ゲーム体系とは何か」では、ゲームを記述する枠組みとしてのゲーム体系が説明される。ゲームでは、私たちは限られたタイプの行為の可能性の中からあるタイプの行為を選択して実践し、これがゲームの一手となっている。そしてこのような一手は、ゲームの状態を新たなものに変えていく。また、ゲームは始めと終わりを持っており、そのようにしてある種の閉じた空間を形成している。

このような考えを基盤にして、ゲームのいくつかの基本的な型について、この章では記述していく。またこの章の後半部では、野球のようなチームゲームについて詳しく分析する。野球の場合には、プレイヤーや監督に対する規則と審判に対する規則がある。野球は、私たちが生きる現実社会に似ており、プレイヤーは社会組織の構成員としての私たちに似ている。この野球の分析を通して、ゲームから社会組織への通路が見えてくるはずだ（なお、ゲーム体系の精確な記述は、付録2に記述されている）。

第Ⅲ部「社会生活における規範とゲーム」では、第Ⅱ部で用意された規範とゲームの分析を現実社会の諸現象に適用することが試みられる。その適用範囲は、言語行為論、社会学の基礎概念の解明、法哲学、経済活動の記述の試みと多岐にわたっている。このような具体的領域での議論を通して、個人の思考や決断や行為がいかに社会と関わるのかを明らかにするのが、この第Ⅲ部の課題となる。

まず、第六章「社会生活を支える規範とゲーム」では、私たちの文化活動、言語活動、科学研究活動において、規範とゲームがどのような役割を果たしているかが論じられる。

第七章「社会組織とゲーム体系」では、社会組織の中でゲームがはたす役割が論じられる。規範を定着させるために罰則を設けたりした場合には、その罰則を実践するための社会組織がどうしても必要となる。このように、規範体系やゲーム体系が実際に機能するためには、それらを支える社会組織の存在が重要となる。そのため、社会組織について考察する必要が出てくるのである。

第八章「社会的行為と法体系」では、第Ⅱ部で導入された規範体系やゲーム体系の枠組みが、法的規範や法体系を説明するのにも用いることができることが示される。現代国家は法治国家であり、法は国家を成り立たせるために不可欠なものとなっている。法哲学という分野があるように、法はすでに長い間、哲学的にも探究されてきたが、私のここでのアプローチは、あくまでも法を記述する枠組みに関するものとなる。

経済活動は、社会組織に属するそれぞれの人々が複数の選択肢から自分にとって好ましい状況になることを目指して行為を選択しこれを実践することと関係している。第九章「経済活動とゲーム体系」では、ゲーム体系の枠組みを基盤にして人々の経済活動を記述することが試みられる。また、人々の社会的活動の説明や予測に近年用いられているゲーム理論と私の本書のアプローチであるゲーム体系の枠組みとの関係もここで論じられる。

これらの考察を通して、私は本書で規範体系やゲーム体系が私たちの行為の基盤となっていることを示そうと思っている。規範体系は、まず、個人的行為の基盤として考えることができる。そして、ある集団の中で規範体系やゲーム体系が共有されることにより、その集団の中で生きる人々は、社会的にふるまうとともに、他の人々の行為を与えられた社会的文脈の中で解釈するようになる。さらに、いままで前提にされていた規範体系やゲーム体系を改訂することにより、社会の仕組みは、少しずつ変わっていきもする。つまり、個人と社会における行為の問題を考えるとき、規範とゲームがカギとなるのである。

サールは最近、言語哲学（philosophy of language）や心の哲学（philosophy of mind）という分野と並んで、社会の哲学（philosophy of society）という分野を打ち立てなければならないと力説している（Searle 2010: chap. 1）。それは、社会哲学（social philosophy）とは異なり、社会存在論や集団的志向性（collective intentionality）を扱う分野だという。そうであるなら、拙著『共同性の現代哲学』も本書も、この社会の哲学の領域に属する仕事ということになる。

ここであらためて本書の意味を、別の角度から考えてみよう。言語派社会学者の橋爪大三郎は、『言語ゲームと社会理論——ヴィトゲンシュタイン・ハート・ルーマン』（1985）において、言語哲学、法哲学、社会学にまたがる著書を著わし、言語ゲーム論の社会科学における重要性を指摘した。この橋爪の試みは、本書でもときどき指摘するように、専門家の観点から見れば不十分な面も多い。しかし本書もまた、そのような領域横断的な試みであり、専門家たちからは、ある意味で素人のたわごとのように受けとめられるかもしれない。そして、実際に私は社会学や法哲学や経済学の専門家ではないのだから、そう思われてもしかたがない。しかし、そのような大それた試みが、学問の発展のためにはときに必要だとも考えている。「哲学は、もともと、領域横断的なものだったではないか」と、私は言いたい。そして、素人だからこそその観点から見えてくるものもあるのではないか、と。

ところで本書では、各章の終わりに康麻呂君《やすまろくん》というキャラクターに登場してもらい、彼にそれぞれの章の内容を簡単にまとめてもらうことにする。康麻呂君は、哲学や社会学を中心にいろいろなことに関心のある好奇心旺盛な大学三年生だ。彼は、大まかで適当なところがあり、少し精確性に欠けるところがあるがそんなことは気にかけていない。でも学者ではないので、普通の言葉をしゃべるため、君にはわかりやすいかもしれない。ちなみに、目次のところの各節のサブタイトルは、康麻呂君の言葉である。それではここで、康麻呂君に登場していただいて、本書全体の内容を簡単にまとめてもらって、この「まえがき」を締めくくることにしよう。

社会は、野球のようなものなんだよ。プロ野球にたくさんのチームがあって競い合うように、会社や大学なんていう社会組織も同じように競い合っているんだ。それに、ひとりひとりの人もゲームに巻き込まれているんだよ。八番バッターで一塁手の選手は、例えば、会社の係長みたいなもので、二人とも、与えられた環境の中で自分に課せられた役割と課題をせいいっぱいはたそうとするんだ。科学研究や技術開発だって、フォーミュラ1のレースみたいに、それぞれのチームが一番になることを目指して競い合っているゲームなんだ。裁判だってそうだよ。勝敗のかかったゲームだから、みんな裁判に勝つために、原告側と被告側が有効な手立てをあれやこれやと試してくるんだ。ちょっとまてよ。君も社会の中で生きているんだから、きっと何らかのゲームをやっているはずだね。あれ、バイトで稼いだ金で株なんかやってるんじゃないか。それだって、どの株を買ってどの株を売るかという手を打つゲームなんだ。それに、君は大学の語学の単位が全部とれたかどうか心配しているよね。君はきっと、いろいろなゲームに手を出しすぎて、ときどき疲れ気味になっているんじゃないか。気を付けた方がいいよ。

規範とゲーム　社会の哲学入門　目次

目　次

I　言語哲学を基盤にした社会的現実性の分析

この第I部では、人間の社会的活動が言語哲学を中心にしてどのように分析されてきたかを、ほぼ歴史的順序に従って見ていく。第一章では言語ゲーム論が紹介され、第二章では言語行為論が論じられ、第三章ではサールの社会存在論について考察される。これらのアプローチを見ていくことで、本書で扱う問題領域が明らかになっていくだろう。

第一章　言語ゲームと法

言語ゲームが社会分析にとって重要な役割をはたすことを指摘したのは、『言語ゲームと社会理論——ヴィトゲンシュタイン・ハート・ルーマン』における橋爪大三郎だった（橋爪 1985）。橋爪は、言語派社会学を提唱する理論社会学者であり、最近では、『はじめての言語ゲーム』（2009）という入門的な著作を出版している。しかし私が知る限りでは、その後このアプローチは精緻化されることがなかった。橋爪の指摘は示唆的ではあったものの、橋爪が用いる「言語ゲーム」の概念が明確なものにならない限り、この言語派社会学のアプローチを実りあるものにすることはできない。

本書での私のもくろみは、社会的規範や（社会的）ゲームを基盤として人々の活動原理を明らかにすることにある。ところで、この本書の試みは、ヴィトゲンシュタインの言語ゲームの試みと共通する側面をいくつか持っている。そこでこの章では、橋爪も注目していたヴィトゲンシュタインとハートの考察を私の視点から明らかにしておきたい。

1　ヴィトゲンシュタインの言語ゲーム
「言語ゲーム」って何？

ヴィトゲンシュタインの哲学は、前期（1914–1922）、中期（1929–1934）、後期（1934–1951）に分けられるのが普通である（中山 2010b: 第2部）。ヴィトゲンシュタインは、『論理哲学論考』（1922）（以下、『論考』と呼ぶ）において、論理的原子論（logical atomism）に従った形而上学的実在論を描いてみせた[1]。しかし一九二〇年代末になると、彼は、このような実在論的姿勢に対して批判的になり、人々の活動実践に注目するようになる。そしてその後ヴィトゲンシュタインは、『哲学探究』（1953）での言語ゲームの構想へと進んでいく。この節では、中期から後期にわたって展開されるヴィトゲンシュタインのゲームに関する考察がどのようなものだったかを見ておきたい。

ゲームとしての数学――中期ヴィトゲンシュタイン哲学における数学論

わが国を代表するヴィトゲンシュタイン研究者である奥雅博によれば、中期ヴィトゲンシュタインの思索は、一九二九年から一九三三年のある時期までにわたって展開されており、文献的には『哲学的考察』、『ヴィトゲンシュタインとウィーン学団』、『哲学的文法』第二部を含んでいる（奥 1982）。

当時のヴィトゲンシュタインの思索を伝える資料として、『ヴィトゲンシュタインとウィーン学団』がある。この本は、一九二九年一二月一八日から一九三二年七月一日までの間にモーリッツ・シュリック（M. Schlick, 1882–1936）とフリードリッヒ・ヴァイスマン（F. Waisman, 1896–1959）に対してなされたヴィトゲンシュタインとの対話をヴァイスマンが記録したものを基にして、マックギネスというヴィトゲンシュタイン研究者が編集し出版したものである（McGinness 1967）。そのうち、一九三〇年六月一九日の談話に奥は注目し、その内容を九つのテーゼとしてまとめているが、私はそれをさらに次のように五つの基本テーゼにまとめてみたい（奥 1982: pp. 27–34）。

（1a）算術、幾何学、チェスはいずれもゲームである。
（1b）ゲームはそれが対応する（もしくは範型とする）実在を有しない。ゲームは何ものをも「指示（意味）」しない。
（1c）ゲームはそれぞれの規則が作り上げる体系である。ゲームの各要素が何であるかは、当のゲームの規則の総計のみが述べることができる。
（1d）ゲームの考案は自由・任意であり、ゲームの有用性はゲームにとって外的である。
（1e）集合論的表現様式、集合論的思考様式は上述の理解を妨げている。

中期ヴィトゲンシュタインのこの考察は、（1a）に現れているように、ゲームとしてチェスのような具体的なものを想定している。そして、私が決定的な一歩として捉えるのは、（1c）に現れている考察である。ここでは、ヴィトゲンシュタインがゲームを、一種の規則体系という総体的なものとして考えていることが現われている。（1d）は、ゲームには外部があること、そしてそれが、ゲームの有用性と関わっていることを述べている。このように、ゲームの外部も考慮に入れてゲームについて考えることは、ゲームの成立と維持を分析するときに有効になる。（1b）は、ゲームという概念を限定化する言明である。しかし、なぜ実在との対応を要請するようなゲームがあってはいけないのだろうか？　私は、この点においては、中期ヴィトゲンシュタインと意見を異にする。そして、（1e）の集合論については、集合論自身を一種のゲームと考えることもできると、私は思う。つまり、ここでのヴィトゲンシュタインのゲーム概念は構成主義的ゲームに限定されており、狭すぎると私は思うが、(2)この見解の相違は本書での後の議論には影響しない。

この当時ヴィトゲンシュタインはすでに、ゲームを規範と関連させて理解していた。例えば、一九三〇年六月一九日の談話には、次の一節が含まれている。(3)

「チェスにおいては、現実の駒の物理的な動きが問題ではない、という事は明らかである。チェス盤の目における駒の動きは、物理学における動きではない。もし私が、「ナイトは三段跳びでだけ動くことができる、ビショップは斜めにだけ、ルークは真直ぐにだけ、動くことができる」と言えば、その「できる」という語は文法上の可能性を意味している。この規則に反することは構文法への違反である」(邦訳 p. 146, 奥 1982: p. 23)。

ここで指摘しておきたいことは、『論考』の世界では、物理学が描くような物理的事実だけが考察の対象であり、規範的な言明は『論考』の体系の外側に位置していたということである。[4] これに対し中期ヴィトゲンシュタインは、ゲームでは規範が核となることを洞察している。つまり、規範の位置付けが前期と中期ではまったく異なっている。またヴィトゲンシュタインは、「シンタクス(構文法)」という語を「ゲームの規則体系」という意味で用いていることもこの引用箇所から見えてくる。

先の引用箇所でヴィトゲンシュタインは「できる」ということを強調しているが、私の見解では、これは規範的に許容されていることを示唆している。私は、本書第Ⅱ部でのゲーム体系の構成で、「行為空間」という概念で許容された行為選択肢の集合を表すことになる。

ここで、中期ヴィトゲンシュタインにおけるゲームの把握をまとめておこう。

(2a) ゲームとは、チェスのような規範的な規則の体系であり、統一的で全体的なものである。

(2b) ゲームは、対象を指示しない。

この(2a)にはっきりと現れているように、中期ヴィトゲンシュタインは『論考』で提唱された論理的原子論をすでに捨て去っている。というのも、ある規則体系に新たに規則を付け加えるなら、ゲームは劇的に異なったものになりうるからである。つまり、この時期のヴィトゲンシュタインは、ゲームを基盤にした一種の全体論的立場をとっているのである。(5)

『哲学探究』における言語ゲーム

後期ヴィトゲンシュタインは、言語ゲームについての議論を通して、ゲームについての考察をより広い適用範囲を持つ思索へと発展させている。つまり、この時期のヴィトゲンシュタインは、チェスのような典型的なゲームだけでなく、言語活動のような日常の活動の中にゲーム構造を読みこむようになっている。特に言語ゲーム論で特徴的なのは、原初的言語活動を言語ゲームとして扱うことにある。また、言語活動は、一連の行為全体の中の一手という部分行為の一種として捉えられている。これらの特徴がよく出ている『哲学探究』第二節を見ておこう。(6)

「アウグスティヌスが与えているような記述のあてはまる、一つの言語を考えてみよう。その言語は、建築家Aとその助手Bとの間の意思疎通に役立つのでなくてはならない。Aは石材によって建築を行う。石材には台石、柱石、石板、梁石がある。BはAに石材を渡さねばならないが、その順番はAがそれらを必要とする順番である。この目的のために、二人は「台石」、「柱石」、「石板」、「梁石」という語から成る一つの言語を使用する。Aはこれらの語を叫ぶ。――Bは、それらの叫びに応じて、もっていくよう教えられたとおりの石材を、もっていく。――これを完全に原初的な言語と考えよ」。

これは、原初的言語ゲームの描写であり、言語ゲームにはもっと複雑なものもあると、ヴィトゲンシュタインは考えている。しかし、原初的言語ゲームでは、その内部構造を見通すことが容易になり、言語ゲームの全体像を把握するには適している。

この描写で明らかなのは、言語は描写のためだけでなく、他者の行動をうながすためにも用いることができるということである。言語行為論がオースティンらにより提案されるのは一九六〇年代に入ってからのことなので、ヴィトゲンシュタインによる言語ゲームの議論は、言語行為論を先取りしていたと言える。それだけではなく、ひとつの文の発話にとらわれず、言語表現の一連の発信とそれと連動した一連の行為を考えている点で、ヴィトゲンシュタインの視野は、言語行為論よりもさらに広いものだった。(7) つまり、彼は複数の人間の間での共同行為の遂行をここで示唆しており、発話はこの共同行為の中の部分行為として現れていると言っていいだろう。

規則に従うこと

規則に従うことは、ヴィトゲンシュタインの後期哲学の中心概念のひとつである。またこの概念は、哲学という分野の枠を超えて大きな影響力を持った。

規則に従うことは、私の分析によれば、規範が許容する範囲で行為を選択することである。そして、規則に背くことは、その規則により禁止されている行為を選択することである。『哲学探究』の一部でヴィトゲンシュタインは、〈明文化されていない規範〉がどのように理解されているかについて考察し、「規範に従っていることはどのように確かめられるか」を問題にした。そして、ヴィトゲンシュタインの結論は、次のものとなる。規範の体系を解釈するということよりも、規範の体系の中でふるまっているということのほうが重要である。というのも私たちは、規則を解釈するのではなく、規則に盲目的に従うからである（『哲学探究』第二一九節）。

自分たちが同じ規則に従って言語を使用しているかどうかを、私たちはどのようにして知ることができるのだろうか？　このことをソール・クリプキ（S. Kripke, 1940– ）は、『ウィトゲンシュタインのパラドックス』（1982）で問題にした。(8) クリプキが指摘したのは、規則に従うことが社会的行為であり、特定の共同体を前提にしてはじめて成り立つということである。

将棋などのゲームに没頭している人は、将棋の規則に盲目的に従っている。つまり、プレイヤーは「この規則はこのように変更したらどうだろうか」などということをプレイの中では考えない。彼は、ゲームの規則が与える制約をすべて受け入れ、その制約の中でいかなる戦略を用いるべきかという考察に没頭する。将棋のような場面では、普通、規則からの逸脱は起こらない。そのような逸脱がたび起これば、将棋というゲームはそもそも成立しなくなる。

ゲームからの逸脱が問題になるのは、むしろ、実社会における諸場面である。ただこのような場面では、逸脱する人は、多くの場合、故意に逸脱しており、自分が規則に逸脱していることを知っている。この逸脱は、「フリーライダー」と呼ばれる現象でも起こっている。年金の不正受給、公共の交通機関での不正乗車などでは、この逸脱が起こっており、このような逸脱行為が多発すれば、制度自身の存続を危うくさせてしまうだろう。

言語的逸脱は、それが多発すれば確かに深刻となる。しかしそうでなければ、そのような逸脱は許容できる。重要なのは、言語使用における権威が言語共同体の中で維持されていることである。(9)

確かに、過去における規則との調和は、未来における規則との調和を保証しない。これは、自然科学の理論でも同様に成り立つ事態である。そしてこのことは、「過去にうまくいっていたことが未来にもうまくいくことを保証するわけではない」という帰納の問題と関わっている。しかし私たちはいつも、完全に確実な知識なしでも、今までうまくやってきたことをたよりに生きているのではないだろうか。それ以上のことは、私たち人間にはできない。私たちは、この不完全さや自らの可謬性を受け入れる以外にない。

有名な『哲学探究』第二〇二節を見ておこう。

「それゆえ、〈規則に従う〉ということは一つの実践である。そして、規則に従っていると信じていることは、規則に従っていることではない。さもなければ、規則に従っていると信じていることが、規則に従っていることと同じことになってしまうだろうから」。

このヴィトゲンシュタインの言明は、拙著『科学哲学入門』などで使用した私の用語で表現すると、次のことに対応している。

規則に従っていると信じることが内省的事実であるのに対して、規則に従うことは内省的事実ではない。（私が）規則に従うことは、その規則を承認する集団Gの中で成立するG - 社会的事実である。つまり、そう信じることによって「私が規則に従っていると信じている」ことが成り立つが、そう信じることによっては「私が規則に従っている」ことが成立するわけではない。しかし、集団Gの人々がみな私が規則に従っていると信じており、この種の信念を互いに共有しているなら、私は実際に規則に従っていることになる。

簡単に言うと、規則に従うことは、私個人の中で成立するような事実ではなく、その規則を承認する集団を前提にして始めて成り立つのである。

2　ハートの法哲学
ハートが言語ゲームに付け加えたもの

ハートは、法律の成り立ちを、規則の概念を基盤にして明らかにしようとしたイギリスの法哲学者である。彼の研究は、現在では古典的なものとして評価されており、後続の法哲学に大きな影響を与えた。

ヴィトゲンシュタインの言語ゲームの考えは、生活形式（Lebensform, form of life）を基盤にしたものである（『哲学探究』第一九節、第二四一節）。つまりヴィトゲンシュタインは、言語ゲームの基盤を、主に、文化的なものや生得的なものに求めている。しかし、私たちが社会で行うゲームには、自然発生的慣習だけではなく、社会的承認により導入され、成文化されることにより定着している種類のものもある。だがこの制度的側面は、ヴィトゲンシュタインの言語ゲーム論では十分に議論されてはいない。ハートはある意味で、この不十分さを補う議論を展開している。

ハートは、分析哲学をよく理解し、ヴィトゲンシュタインや言語行為論の創始者J・L・オースティンに影響を受けた法哲学者だが、この社会的承認の問題を考慮した理論を『法の概念』（1961）で提案した(10)。ハートは規則を、二層構造を持つものとして描写した。義務の第一次規則（primary rules of obligation）は、生活形式に基盤を持つ言語ゲームに対応付けることができるものである。これに対し、第二次規則（secondary rules）は第一次規則の改定や制御に関するものである。つまりハートは、ゲームを階層化することにより、言語ゲーム論をより豊かなものにしたのだ。このハートの法哲学を、もう少し詳しく見ておこう。

法規範は誰に向けられたものか

まず、「法とは何か」という問いに対する二つの対立する見解を紹介し、これによりハートの法哲学を位置づけることにしよう。

オーストリアの法学者で後にアメリカに移住したハンス・ケルゼン（H. Kelsen, 1881–1973）は、純粋法学（Reine Rechtslehre）を提唱し、法律の科学的解明を目指した（中山竜一 2000: p. 1）。ケルゼンがたてた問いのひとつに、「法規範は誰に向けられたものか」というものがある。これはより具体的には、「法規範は、一般市民に向けられたものなのか、それとも法執行機関に向けられたものなのか」という意味を持っている。

『法と国家の一般理論』（1945）におけるケルゼンのこの問いに対する見解は、「法規範は、一般市民にではなく、あくまでも裁判官や法執行機関に向けられたものだ」と主張するものである。ケルゼンによれば、これが法の第一次的規範となる。そして、一般市民の日常的言明に見られるような法遵守の義務の表明は、この第一次的規範があってはじめて可能になるような派生物だということになる（中山竜一 2000: p. 14）。このようなケルゼンの立場は、法律の条文解釈から出発する限り、一見、当然だと思われる。しかし法実践の現実という観点から考えると、ケルゼンの立場は逆転している。法秩序の要請は社会組織を維持するために発生したものであり、現行の法体系はそのような要請に応じるために制定されたものである。また、一般市民に遵守されない法は、形骸化し、法としての存在意味を失うように思われる。中山竜一も指摘しているように、ケルゼンの純粋法学では、法理論と市民の法実践の間の関係が適切に記述できないことになってしまう（中山竜一 2000: p. 20）。

これに対し、ハートの見解は、ケルゼンとは大きく異なるものである。彼は、法の根源を法制定以前からあった社会的規範の側に見ている。ハートの規則の理論が二階層になっているように、ハートの考察は複合的なものである。だから、「法規範は誰に向けられたものか」という問いには、ハートなら、「一般市民と法執行機関の両方に向けられている」と応えるだろう。これに加えて、「一般市民に向けられた法規範の方がより根源的だ」と彼は応えたにちがいない。ハートが何故そのように応えるのかを、次に説明しておきたい。

第一次規則と第二次規則との結合としての法

ヴィトゲンシュタインが原初的言語ゲームについての考察を哲学的探究の基盤にしたように、ハートは原初的社会における義務（obligation）の規則を考察の出発点とした。ハートによれば、ある規則が義務を課すのは、その規則に従うことが一般に強く求められており、その規則から逸脱しようとする人に対しては大きな社会的圧力が働くような場合である（p. 84, 邦訳 p. 95f）。例えば、他人からお金を借りれば、それを期日通りに返還するという義務が生じ、返さなければ人々から非難されるようになる。

ハートが原初的社会として想定しているのは、義務の規則に対して集団がとる一般的態度だけが、唯一の社会的統制の手段となっているような社会である（p. 89, 邦訳 p. 100f）。つまりそのような原初的社会には、立法機関も裁判所も存在しない。このようなとき、この義務の規則は、「義務の第一次規則」あるいは単に、「第一次規則」と呼ばれる。

ハートは、第一次規則が持ついくつかの欠陥を排除するために定められたより高次の規則、つまり、第二次規則があるとする。第二次規則には、次の三つのタイプのものがあるとされる（pp. 91–95, 邦訳 pp. 103–107）。

（3 a）［承認の規則（rules of recognition）］承認の規則は、何が第一次規則なのかを肯定することにより明確化する規則である。例えば、第一次規則を権威的な目録や原典に記載し、これを参照することを認めることはこのタイプの規則に属する。

（3 b）［変更の規則（rules of change）］変更の規則は、第一次規則を変更する規則である。例えば、新しい第一次規則を導入したり、古い第一次規則を削除したりする権限をある集団（またはある個人）に与える規則がこのタイプの規則に属する。

（3 c）［裁判の規則（rules of adjudication）］裁判の規則は、個々の場合に第一次規則が破られたかどうかを権威的に決定する権限を個人に与える規則である。この規則により、誰が裁判できるかを確認でき、裁判がどういう手続きに従ってなされるかを定めることができる。

この第一次規則と第二次規則の結合により、法体系の多くの現象が説明できるとするのが、ハートの法哲学の根本テーゼである。ヴィトゲンシュタインは、言語ゲームの変更がどのようになされるかについてはほとんど述べていない。これに対し、ハートが提案した規則の複合的構造は、制度的規則に関してそれがどのように維持され、変更されるかについて具体的に示唆したものとなっている。

内的視点と外的視点

ハートは、法と人間との関わりを、内的視点と外的視点という二つの側面から記述する。これはケルゼンが法を外的視点からだけ記述したのと対照的である。(規則に関する) 内的視点というのは、規則を自分自身および他人の行動の評価基準として使用する人の視点である。これに対し、(規則に関する) 外的視点は、この規則を用いて人の行動を記録したり予測したりするときに現れる。つまり、外的視点は行動の観察可能な規則性だけに関わっている[11] (pp. 86–88, 邦訳 pp. 98–100)。

内的視点は、規則が批判の根拠として用いられたり、一致への要求、社会的圧力、処罰の正当化として用いられたりするときに現れる (p. 96, 邦訳 p. 108)。例えば、大麻を所持することが禁止されている社会組織で、この規則を犯した人を非難する人は、この内的視点から判断している。内的視点からの判断を表現するためには、「私はそのとき約束を果たすという義務を負っていた」や「君は金を私に返すべきだ」などの一人称や二人称の語句が使われる。一方、外的視点からの判断を表現するときには、「彼らは君が金を返さないなら、きっと君を訴えるだろう」などというように、三人称的な語句が用いられる。この言語使用からも明らかなように、内的視点は一人称的視点に対応し、外的視点は三人称的視点に対応している。

規則に関する内的視点は、自らの行為決定について考えるとわかりやすいだろう。それは、チェスのプレイヤーがチェスの規則に従って、自分の行動決定をするような視点である。つまりチェスにおける内的視点は、プレイヤーがゲームの中で許された行為タイプの中から次に自分が何をなすべきかを考えるという姿勢と結びついている。もし対戦相手がチェスの規則に従わないなら、当然プレイヤーは規則を根拠にして対戦相手を批判するだろう。内的視点に立つプレイヤーは、いわば規則に盲目に従っている。彼は、ゲームをしている間はゲームに没頭しており、規則の変更可能性などについては一切考えていない。

一方、規則を変更しようとするときには、逆に、外的視点が必要になる。よりよく機能するシステムを作り出すためには、いままで足かせになっていたような規則をより理にかなった規則で置き換える必要があり、システムの外側から分析する姿勢を、人はとらねばならない。

法の実践と司法裁量論

司法機関における法の実践では、法律を現実の事例に適用しなければならない。この法の適用の問題は、言語使用一般の問題とも共通の面を持っている。ハートは、そのように考える（Hart 1961: 第七章）。この問題に関してハートがとる立場は、後期ヴィトゲンシュタインの意味の使用説に似た立場である。意味の使用説というのは、「語の意味とは、言語内におけるその使用である」（『探究』第四三節）というヴィトゲンシュタインの考察に基づいた説である。つまり、語の意味は定義により与えられるものではなく、具体的な場面での実際の使用から学ばれ、定着したものとされる。すると、未知の局面での語の使用や境界事例での語の使用はどのように定められるのかという問題が生じる。そしてこの問題は、法文の適用においても生じる。

例として、「公園内では、乗り物を使用してはいけない」という禁止令について考えてみよう。この言明では明示的に言及されていないが、当然、乗り物というものには、飛行機や船は含まれていない。というのも、それらを公園内で使用することは大抵の場合、物理的に不可能だからだ。ここで意図されているのは、自動車やバスやオートバイのことだ。しかし、自転車やおもちゃの乗り物や救急車や消防車の場合はどうだろうか？　禁止令自身は、それらについて明確で一意的な回答を示しておらず、私たちはこのような境界的状況では、この禁止令をどのように使用するかをその状況と目的に合わせて決断しなければならない。いずれにしろ法文自身は、何がその適用事例に当たるかを細部まで厳密に定めてはおらず、その具体的適用は裁判官の裁量権に任されることになる。

裁判ではしばしば、立法時に想定されていなかった事例に法律を適用しなければならない。そこに、司法的な法創造（judicial law-making）の問題が生まれる。中山竜一は、この問題を司法裁量の問題として捉えている。ハートの見解では、この司法的法創造は権限として裁判官たちにあらかじめ与えられたものではなく、その成功により事後的に承認されるものである（Hart 1961: 第七章第一節）。

中山竜一は、このハートの司法裁量論を吟味し、これをアメリカの法哲学者ロナルド・ドゥオーキン（R. Dworkin, 1931–　）の解釈的アプローチとも関連させて検討している（中山竜一 2000: 第2章第6節および第3章）。ドゥオーキンは、ハートの規則を用いた法哲学を批判し、法の営みを解釈的実践として捉えることを提案した（中山竜一 2000: p. 77; Dworkin 1977: 第一章）。ドゥオーキンによれば、法的判断において重要な働きをする法的基準は、法規則ではなく法原理である。だから、難事案に対しても裁判官はあくまで法原理に従い、正しい法的実践を追求していることになる。

　ドゥオーキンの批判は、法的判断が常に法令の解釈をともなうという彼の指摘と結び付いている。ドゥオーキンの観点からは、ある事案での裁判官の判断は、他の事案での他の裁判官が行う判断を制約する。だから、裁判官の仕事は通常、立法的なものではなく、あくまで、与えられた特定の事例と関わった法解釈と考えるべきだ、ということになる。このような説明を与えることにより、ドゥオーキンは、ハートが「司法的法創造」として捉えた問題を、あくまで法内部の問題として法実践の内部で記述することに成功した。

　しかし、ドゥオーキンの考察は、あまりにも司法機関だけに重点が置かれすぎているようにも思われる。これに対し、ハートの考察は、司法機関と一般市民の両方の視点から重層的になされていた。その意味で、ハートとドゥオーキンの考察は互いに補い合うものとして考えた方がいいだろう。

まず、「ヴィトゲンシュタイン」を「W」で、「ハート」を「H」で表すことにさせてもらうよ。

Wは有名だから君もきっと知っているだろう。Hの方はどうですかね。

Wは、一九三〇年頃からゲームについていろいろ考えたみたいだ。はじめは特に、数学の基盤になるものとしてゲームを調べていたんだけど、だんだん人間の生活全体の基盤が言語を使ったゲームにあると考えるようになったんだ。それで、「言語ゲーム」という言葉を使いだしたんだよ。大切なのは、言語ゲームは基本的にいつも、他の人たちと一緒にやるものだということなんだ。子供たちだって、いろいろな人たちと言語ゲームをやって大きくなっていくだろ。

一九六〇年代になると、法哲学者Hが現れてくる。Hの仕事は、哲学の中ではあまり注目されていないみたいなんだけど、制度がどんなふうに成り立っていて続いていくのかを考えるときにはけっこう役に立つんだ。どんな法律がいま成り立っているか、どんなふうに法律を変えることができるかを、僕たちも知っていないといけないだろ。すると、いろんな言語ゲームがあるだけでなく、それらが層になっていて、下のゲームの規則を上の規則で変えることができると便利だってことになる。それから、現実の事件に法律を使おうとすると、やっぱりいろいろややこしい問題が出てきたりしちゃうんだ。こんなことについても、Hは考えていたんだね。

第二章　言語行為論と行為の社会理論

「そこの本をとってくれ」と君が私に対して言ったとしよう。このとき君は、君が私の肩を押すときと同様に、私に対して何かをなしている。つまり、君はそのように言うことにより、ある行為をなしているのだ。このような考えをもとに言語を分析する理論は、「言語行為論」[1]と呼ばれている。そしてこの言語行為論は、社会の成り立ちを考える理論的基盤として用いることができるかもしれない。というのも、任命や解職や権限付与などという社会的行為も通常、言葉を発することによりなされているからだ。この章では主に、社会理論との関係で、言語行為論を検討したい。

1　サールの言語行為論とその修正
「言語行為論」って何？

言語行為論は、『言語と行為』（1962）でオースティンにより提唱され、サールにより体系化された理論である。言語行為論は、発話を行為の一種として捉える理論であり、ヴィトゲンシュタインの言語ゲームの考えと関連するところがある。実際『哲学探究』第二三節でヴィトゲンシュタインは、「言葉を話すということが、一つの活動ないし生活様式の一部である」と言っている。私がここで、オースティンではなく、サールの言語行為論を紹介するのは、それが、サールが後に展開する社会存在論のひとつの基盤になっているからである。また、本節のタイトルにある「その修正」というのは、サールの理論を基盤にしながら、私が『共同性の現代哲学』（2004）や『科学哲学入門』（2008）で示した提案にほかならない。

サールの言語行為論

言語行為論は、規範やゲームの分析に関していくつかの重要な提言をしている。ここでは、「規範」と「ゲーム」という語をキーワードとして言語行為論を見ておこう。

サールによれば、言語行為は、発話行為（utterance act）、命題行為（propositional act）、発語内行為（illocutionary act）、そして、発語媒介行為（perlocutionary act）とから構成される。発話行為は、文字通り何かを言う行為である。そして命題行為は、指示と述定からなる。またオースティンによれば、発語内行為は何かを言うことにおいて（in saying）行う行為であり、発語媒介行為は何かを言うことにより（by saying）行う行為である（Austin 1962: p. 94, 邦訳 p. 164）。

　サールの言語行為論の中心的テーマとなるのは、発語内行為の分析である。サールによれば、発語内行為は、四つの規則により規定される。それらの規則というのは、命題内容規則（propositional content rule）、事前規則（preparatory rule）、誠実性規則（sincerity rule）、本質規則（essential rule）である。命題内容規則は、適切な命題内容に制約を与える規則である。事前規則は、発語内行為の適切な遂行に不可欠な規則であり、この規則が充たしていない発語内行為は不適切なものとなる。誠実性規則は、誠実な発語内行為遂行において充たされている特徴的心的状態について述べた規則である。そして、本質規則は発語内行為の本質的特徴を述べたものであり、「（文脈Cにおいて）発話XをYとみなす」という形式で表現される（中山 2004: p. 67f）。

　約束という発語内行為を例に、これら四規則を説明しておこう。「SはHにAすることを約束する」という文の発話によって遂行される発語内行為に関する四規則は、次のものとなる（中山 2004: p. 69; Searle 1969: p. 66f, 邦訳 pp. 124–127）。

（1 a）［命題内容規則］Sによる将来の行為A。

（1b）［事前規則］1　SはAする能力を持ち、Sはこのことを信じている。

2　SとHの両者にとって、通常の事態の進行においてSがAすることが自明でない。

（1c）［誠実性規則］SがAすることを意図している。

（1d）［本質規則］Aを行う義務を負うこととみなされる。

さらにサールは、『表現と意味』の第一章「発語内行為の分類」で、発語内行為を五つのクラスに分類している（Searle 1979）。それらは、主張型（Assertives）、指令型（Directives）、行為拘束型（Commissives）、表現型（Expressives）、宣言型（Declarations）の五つである。主張型の発語内行為の例としては、「地球は動いている」と言ったときのガリレオの主張がある。指令型の例には、軍曹が二等兵に対し「突撃！」と言っていることなどが考えられる。さらに行為拘束型としては、ある男性が婚約者に対し「絶対浮気はしません」と言って約束することがこれにあたる。表現型は、お財布を拾ってもらった人が「本当にありがとう」と感謝を表わしていることなどがある。そして、宣言型は、「この子を太郎と名付ける」などと父親が自分の子供を命名する場合がこれにあたる。

サールによれば、宣言型の適切な発話は、事実を生成する。私は、『共同性の現代哲学』第五章第3節でこのサールの見解を修正し、「そのような発話により生成されるのは、社会的事実だと」指摘した。つまり、ある集団で権限を認められている人物の宣言により、その集団で集団的信念が形成され、このことによりその集団で社会的事実が成り立つことになる。

「宣言は、個人に対してなされるのではなく、グループ全体に対してなされ、その発話の目的は、指令型の発話と共通性を持つ。ただし、指令型では、話者は、聞き手の行動を望むのだが、宣言では、聞き手集団ＧにおけるＧ－集団的信念の生成を望んでいるのである。サールの分析に欠けているのは、辞書的意味にも現れている宣言の公式性である」（中山 2004: p. 126）。

例えば、「あなたは首だ」と社長が一人の部下に言ったとしても、この発言は、会社というグループ全体に対してなされたものとなる。私の分析では、この「あなたは首だ」という発話は、「あなたが首であることを会社Ｇが集団的に信じることを私は欲している」という主張を遂行していることになる。

サールは行為遂行的発話により制度的事実の一部は製作されると言う（Searle 1995: chap. 2）。このような製作が可能なのはなぜだろうか。サールは、これは行為遂行的発話が構成的規則を生成することによって実現すると言うのだが、私の分析は次のものである。

「グループＧの中で権威を持つ人Ｓの「ｐ」という宣言は、Ｇの構成員にｐという信念を生み出す。これは、Ｓの「ｐ」という宣言が、Ｇの構成員たちがｐということを信じるというＳの欲求の表明に他ならず、また、グループGの中で権威を持つ人とは、そのような宣言によりGの集団的信念を新たに生み出す権限を持つとGの中で思われている人のことに他ならないからである。そして、人々がpという集団的信念を持てば、人々はもともと自分の信念に従って自分の行動決定を行うので、新しい集団的信念は新しい行為と因果作用をもたらすことになる。つまり、この新しい集団的信念は、人々の行為に影響をおよぼすことにより世界を変えるのである」（中山 2004: p. 127f）。

サールは、宣言により事実が生成されるという現象を捉えてこれを利用するが、何故、そして、どのように、宣言によって事実が生成されるかについては、実はほとんど説明していない。

構成的規則

サールは、規則に関して、統制的規則（regulative rule）と構成的規則を区別している。

「すなわち、統制的規則は、エチケットに関する規則がその規則とは独立に成立している個人間の関係を統制するという例にみられるように、既存の行動形態をそれに先行して、またそれとは独立にそれを統制する。これに対して、構成的規則は、たんに統制するだけではなく、新たな行動形態を創造（create）したり、定義したりするものである。たとえば、フットボールやチェスの規則は、フットボールやチェスの競技を統制するのみではなく、いわば、そのようなゲームを行う可能性そのものを創造する」(Searle 1969: p. 33, 邦訳 p. 58)。つまり、統制的規則が既存のタイプの活動を統制する規則であるのに対し、構成的規則は、活動の新しいタイプを創造する規則なのである。

ところで何故、ゲームの中での規則が事実を創造できるのだろうか？　この問いに対して私は、拙著『科学哲学入門』第八章第3節で次のように答えた。

「私の分析によれば、規則が事実構成的であることは、二つの事実を基盤に成り立っている。ひとつ目の事実は、言語の拡張により、新たに多くのことが表現可能になるということである。そしてふたつ目の事実は、自分が理解した新たな規則に従って人々が実際に行動し、この行動がこの規則を用いて再び解釈されるということである。つまり、サールのように個々の規則だけを取り上げるだけでは、事実構成の全体像を描くことはできない。私たちは、規則体系全体を考慮すべきなのである」(p. 204f)。

新たにゲームを導入すると、そのためにいくつかの新たな言語表現の導入が必要になる。例えば、「盗塁」とか「振り逃げ」などの用語である。するとこの新用語を実際になされた行為に適用することにより、いままで表現できなかった事実について表現できるようになる。これが、私の解釈による

「構成的規則による事実の創造」である。このとき、何かまったく新しい物理的なものが創造されるのではなく、単に新しい言い回しにより、現れてくる現象を新しい仕方で表現できるようになるのである。そしてこのような新用語の理解により、盗塁や振り逃げという新しいタイプの行為を自ら意図的に実行できるようにもなる。

2　ハーバマスとサールの論争
少しすれ違っているみたいだ

ハーバマスは、「フランクフルト学派[2]」という社会学の学派に属する学者だが、この学派の第一世代とは異なり、分析哲学や哲学的解釈学などの成果も自らの理論構築に積極的に取り入れようとした[3]。一九七〇年代にハーバマスは、言語行為論を出発点にこれを修正し、普遍語用論[4]（Universalpragmatik, universal pragmatics）を提案している（Habermas 1976）。さらに、ハーバマスは、この普遍語用論を基盤にコミュニケーション的行為の理論を構想し（Habermas 1981）、これを法や民主的法治国家における問題にまで適用した（Habermas 1992）。

このような「ハーバマスの言語行為論」は、どのような意味を持っているのだろうか？　この節では、ハーバマスとサールの間に展開された論争を足場に、この「ハーバマスの言語行為論」の意味を追求するとともに、この理論が標準的言語行為論に付け加えるものがあるかどうかを探ってみたい。

ところでこのような作業は、言語行為論の持つ社会的次元の検証のためにも、そして、ハーバマスの社会理論の検証のためにも、重要な意味を持っている。そこでここではまず、ハーバマスとサールの間に交わされた論争を通して、普遍語用論を検討したい。

コミュニケーションの間主観的見解というハーバマスの提案

ハーバマスは、自らの社会理論を構築するにあたり、その基盤として、標準的言語行為論を修正した普遍語用論というものを提案した。このとき彼は、妥当性要求という視点を言語行為論に導入した(Habermas 1976)。しかし、この普遍語用論は、現在までにさまざまな批判を受けてきた[5]。

サールは、ポール・グライス(H. P. Grice, 1913–1988)の哲学に関する論文集に、意味とコミュニケーションと表象に関する彼の考えをまとめている(Searle 1986)。ハーバマスは、このサール論文をコミュニケーションの意図的見解(intentionalist view of communication)を表現しているものとして捉え、これに対し、コミュニケーションの間主観的見解(intersubjectivist view of communication)を提示する[6](Habermas 1991)。

ハーバマスはまず、サールの描写に従いながら(Searle 1986)、コミュニケーションの意図的見解を次のことを前提とする立場として特徴付けている。

「話者Sが、xという記号の助けにより、彼が意図した意図や意見(Meinung)(意図$_1$)を聞き手

Aに理解させたなら、Sは特定の言語行為を首尾よく遂行した。Sは、この伝達意図（意図^{2}）をもAに知らしめることにより目的を達成する」（Habermas 1998: p. 257）。

つまり、コミュニケーションの意図的見解では、話者が持っている意図や考えを、さらにこちらの伝達意図をも、聞き手に伝えることが発話の目的となっている。これに対してハーバマスが提案する「コミュニケーションの間主観的見解」は、話者だけでなく、合意形成という目的を話者と共有する聞き手をも考慮に入れたものである（Habermas 1998: p. 257f）。このようにハーバマスは、言語行為の成立条件を話者の意図だけに注目して描写することに反対し、成立条件は話者と聞き手の合意形成を考慮に入れて描写されねばならないと考えるのである。

ハーバマスの普遍語用論

いま見たように、ハーバマスは、コミュニケーションは間主観的に（話者と聞き手の両方を巻き込んで）成立すると考えている。このコミュニケーションモデルの基礎になるのが、普遍語用論である（Habermas 1976）。この理論によれば、「コミュニケーションの参加者が理解の到達へ向けて行為するのは、理解可能な文を用いて言語行為と平行して受容可能な形で三つの妥当性要求をかかげるという条件下においてのみ」（Habermas 1998: p. 88）である。そして、この三つの妥当性要求というのは、真理要求、正当性の要求、誠実性の要求であり、これらは、それぞれ三種類の正当化の義務と結びつ

表2－1　妥当性要求と正当化義務との対応

妥当性要求	正当化の義務
真理要求	基盤を提供する義務
正当性の要求	正当化を与える義務
誠実性要求	信用できることを立証する義務

表2－2　普遍語用論の中核

現実性の領域	コミュニケーションの形態：基本的態度	妥当性要求	発話の一般的機能
外的本性の世界	認知的：客観化する態度	真理	事実の表象
社会に関する「私たち」の世界	相互作用的：順応的態度	正当性	正当な対人関係の樹立
内的本性の「私」の世界	表現的：表現的態度	誠実性	話者の主観性の開示
言語	—	理解可能性	—

いているとされる（表2－1）。

こうして、ハーバマスの普遍語用論によれば、いかなる発語内行為に対しても、話者のかかげた妥当性要求に、この三つの観点から聞き手が異議を申し立てる可能性が生まれるのである（Habermas 1998: p.271）。このように、「ハーバマスの言語行為論」は、聞き手が話者の妥当性要求に異議を申し立てることやそれに同意することも、理論の構成要素として含んでいる。

普遍語用論の中核部分は、表2－2によりまとめられている（Habermas 1998: p. 92）。この表に見られるように、現実性の領域と妥当性要求の間には、一対一の対応があるとハーバマスは考える。また、客観的世界は真理に対応し、社会的世界は正当性に対応し、内部世界は誠実性に対応するとされる（Habermas 1981: Band 1 p. 376, 邦訳（中）p. 13）。

普遍語用論に対するサールの評価

サールは、ハーバマスの普遍語用論の試みを好意的に解釈している（Searle 1991）。その主な論点は、ハーバマスの理論が、サールの言語行為論を否定するものではなく、補完するものであるということにある。サールによれば、コミュニケーションの間主観的見解は、コミュニケーションの意図的見解と矛盾せず、ただ、重点の置き方が違うだけである。意図的見解は、基本的言語行為の骨格的構造を描き出すことを目指している。これに対し、間主観的見解は、意図的見解のある種の理論的拡張を目指している。また、サールの立場からは、社会的現象は、意図的見解を基盤に「構成的規則」や「制度的事実」という概念を用いて分析できるものである。実際、サールの『社会的現実性の構築』(1995) は、このような試みを展開したものである。この意味で、意図的見解は、間主観的見解を展開するための条件となっているのである（Searle 1991: p. 90）。というのも、聞き手が話者の言うことに対し「はい」や「いいえ」で答えるためにも、話者が何を言いたいのかを、まず、聞き手は理解しなければならないからである。

サールによれば、ハーバマスのいくつかの指摘は、事前規則の理解がある種の言語行為の理解に本質的であるということで『言語行為』(1969) においてすでに考慮されていることがらである（Searle 1991）。また、ハーバマスの他の指摘は、個々の言語行為の特性ではなく、それら個々の言語行為を要素として含んだ会話の特性に関するものと考えることができる。

さらに、サールは、ハーバマスの妥当性要求は『言語行為』の発語内行為の条件から帰結するものだと指摘する。サールの言語行為論とハーバマスのアプローチとの違いは、ハーバマスが妥当性要求を根本的なものと考え、これを基盤に言語行為という現象を理解しようとするところにある（Searle 1991: p. 93f）。だから、サールの観点からは、ハーバマスは、理論の出発点を根拠なく逆転させていることになる。

3　ハーバマスの普遍語用論を批判する――いいところと悪いところ

この節では、異議申し立ての問題を中心に、普遍語用論の可能性と限界を吟味し、そこで明らかになった問題点を克服するための新しい提案と結び付けていきたい。

前提への異議申し立て

サールが指摘するように、ハーバマスは、言語行為を、話者と聞き手が合意に達する試みとして解釈している（Searle 1991: p. 94）。しかし私たちは、日常生活において、合意形成を目的とする発話を常にしているわけではない。実際の会話では、会話の参加者たちは、何らかの共有された目的に向かって会話を続けることが多いだろう（Clark 1996; 中山 2004）。ところが、この共有された目的は、必ずしも、合意形成であるとは限らない。[(7)] 例えば私たちは、権限を駆使して、目指された課題を他の人々の協力により実現するために発話することもある。

ハーバマス自身は、コミュニケーション的行為の図式に当てはまらないような言語行為を戦略的行為に分類し、この戦略的行為をコミュニケーション的行為のある種の「非本来的欠如体」として扱う。つまり、戦略的行為は誠実性の要求という妥当性要求が停止されているということによってコミュニケーション的行為から派生するとされる（Habermas 1998: p. 63; 西阪 1987: p. 173）。しかし、このような分類を可能にするためにも、コミュニケーション的行為と戦略的行為の両方を含む行為の包括的図式を分析する必要があるだろう。[(8)] そして、そのような包括的図式を扱うための前提として、目的合理的行為や暗黙に課せられた規範的制約があると私は考える。[(9)]

ところで、ハーバマスは、「妥当性要求」という用語で何を言おうとしているのか？ 彼は、この問題は、「どのような意味で、言語行為全体が否定されうるか」を考えることで明確化できると言う（Habermas 1998: p. 270）。そして、「いかなる発語内行為も、規範的正当性、誠実性、真理の観点から異議を唱えることができる」（Habermas 1998: p. 271）と主張する。ハーバマスは、教授が演習に参加している学生に対して「水を一杯持ってきてくれないか」と言ったという例をあげて、三種類の異議申し立てが可能なことを説明している（Habermas 1981, 邦訳（中）: p. 47）。

（2a）［教授の規範的正当性に対する学生の異議］

（例）「いいえ、先生は私を自分の使用人のように扱うことはできません」と、学生が言う。

（2b）〔教授の誠実性に対する学生の異議〕

（例）「いいえ、先生が意図されているのは、本当はただ、他の演習参加者の前で私に恥をかかせることだけなのです」と、学生が言う。

（2c）〔教授が前提にしていることの真理性に対する学生の異議〕

（例）「いいえ、一番近い水道でも授業が終わるまでに戻ってこられないほど離れています」と、学生が言う。

まず、ある発言に異議を申し立てることと、その発言が妥当性要求となっていることとは別のことがらであるということを確認しておく必要があるだろう。この点に関して、ハーバマスは混乱しているように思われる。というのも、異議申し立ても、ひとつの主張型の言語行為にほかならないからである。

ところで、このハーバマスによる分析で私が注目したいのは、これら三つの異議の例が、いずれも、この発話の前提に向けられているという解釈を許すことである。例えば、（2a）のような異議を唱えるときには、教授が暗に学生を思うままに使用できると前提にしていることを、学生が否定しようとしていると解釈できる。また（2b）に関しては、学生は、教授の発言の裏にあるとされている誠実性の前提を疑っている。そして（2c）については、教授が発言の際に前提にしていることが正しくないと、学生は指摘している。

一般に、人がある発話に異議を唱えるとき、その異議の対象は、命題内容の妥当性に向けられうると同時に、そのような発話をした話者の前提にも向けられうる。つまり、ハーバマスの議論においては、妥当性要求が、発話において表現されたものに関わるのか、それとも、発話の前提に関わるのかが不明確なのである。そして、ハーバマスの例からわかることは、実際には、ハーバマスは、妥当性要求を発話の前提にも関わるものとして理解しているということである。そこで彼は、「妥当性条件は孤立して考察されるべきではなく、そのような要求を擁護する妥当性要求や理由との語用論的連関の中で考察されるべきだ」と、提案する（Habermas 1998: p. 271）。そしてこの提案を言い換えるなら、ある発話に関する妥当性条件は、その発話において話者が前提とする信念や規範をも考慮して考察すべきだということになる。[10]このことが正しいなら、誤解を避けるために、私たちはむしろ次のように言うべきだろう。

（3）発話においては、必ず、何らかの前提がなされており、私たちは、その発話内容だけではなく、その前提に対しても異議を申し立てることができる。

こう表現するなら、コミュニケーションの参加者が異議を唱えうるのは、発話内容と前提の両方ということになる。あることを前提にしてなされる発話においては、その前提は主張に含まれておらず、それを互いに了解済みのこととして話者が考えているにすぎない。また、発話によって表現されたことがらに聞き手の判断の対象を限定し発話の前提に目を向けないなら、新しい角度からの議論の展開はあまり期待できないだろう。むしろ、前提を吟味の対象とすることにより、それまでなされていた議論を超えて、より根本的な次元での議論が展開される可能性が開かれる。その意味で、前提に批判の対象を拡張することで、真理追究や正当化された規範確立への新たな道が開かれるのである。

以上の考察から判断できることは、サールが指摘するように、ハーバマスの普遍語用論は、サールの意味論的仕事に対する社会批判への関心からの補完として捉えることが可能であり、ここに対立を見る必要はない（Searle 1991）。また、発話内容に関わることで話者が前提にしていることは何でも批判の対象にすることができる。つまりここでは、サールの事前条件よりも広い一般的意味での前提が問題となっている。

世界と事実と規範

表2－2に示したように、ハーバマスは、現実の領域を、客観的世界、社会的世界、内部世界という三つの世界に分け、この世界の分類を三つの妥当性の種類と対応させている。これに対し、サールは、世界の分類ではなく、生《な》まの事実（brute fact――これは物理的事実の別名である）と制度的事実という事実の二分類を提案している（Searle 1969, 1995）。私は、このサールの分類を拡張し、物理的

表2－3　世界（事実）の分類

ハーバマスの分類	客観的世界	内部世界	社会的世界
サールの分類	生まの事実	—	制度的事実
中山の分類	物理的事実	S－内省的事実	G－社会的事実

事実、（Gという集団における）社会的事実、（Sという人物における）内省的事実という区別を提案している(11)（中山 2004: p. 120f; 中山 2008, 2009a）。これらのことを整理すると表2－3のようになる。

ここで問題になるのが、社会的事実の領域、つまり、社会的世界の領域である。ハーバマスは、社会的世界の領域における妥当性要求を規範的正当性のみに対応させているが、この領域には、ある発言が社会的事実に照らし合わせて真であるかという問題も含まれるはずである。例えば、「菅直人は二〇一一年四月の日本の首相である」という真なる言明は、日本－社会的事実を基盤に真と判断される。G－社会的事実においては、何が事実であるかを集団Gの合意や承認により定めることができる。ここに、G－社会的事実の社会的側面が現れている。つまり、社会的世界の領域に関しては、規範的正当性の問題のみでなく、制度の観点から見た事実問題としての真理の問題が関わっているのである。だから、ハーバマスが表2－2で描いたような現実性の領域と妥当性要求の一対一対応は、社会的世界に関しては当てはまらないことがわかる。

また、社会的領域においては、「私たちはこの規範に従わなければならない」と言ったときに、「誰が私たちなのか」という問題が起こる。言い換えると、集団G_1において認められているG_1－規範が、他の集団G_2では必ずしも認められていないという問題がある。例えば、イスラム教では、一夫多妻が許されているが、日本の法律ではこれは許されていない。だから、一夫多妻を続けようとするイスラム教徒の男性がいれば、彼は犯罪者とならないためには、日本に住むことをあきらめねばならないだろう。

こうして、規範の正当性の問題は、複数の異なる集団の間で一体どの規範が優先されるべきなのかという問題と結びつくことになる（中山 2006）。社会的領域の複雑性を捉えるためには、社会組織の階層的構造を踏まえることが必要になってくるのである（中山 2004: 第7章）。

普遍語用論の評価

サールの議論に欠けており、ハーバマスの普遍語用論が新たに開いた地平とはどのようなものだろうか？　この問いについては、「正当化の視点を言語行為論に導入したことにある」と答えることができる。宣言をなすのに必要な権限を論理的関心から分析しただけでは、権限の集団的承認に依拠してその権限を乱用するという現実社会でしばしば観察される社会現象を分析することはできない。ここでは、ある権限の行使とそれに対する異議申し立ての間の正当性をどのように評価すべきか、という問題が現れる。

サールの分析は、言語行為を主に個人レベルで捉えたものである。そこに、言語行為論の限界があったと言ってよいだろう。(12) ハーバマスは、コミュニケーション的行為という合意形成を目指した妥当性要求の中に、間主観性のレベルにいたる可能性を見た。しかしむしろ、それぞれの個人が持つ歴史性や社会性こそが、コミュニケーションを個人レベルから間主観性のレベルへと開示させる可能性を示しているのではないだろうか。ただし、「間主観性」という用語は、「集団性（collectivity）」と改めた方がいいだろう。というのも、「我々－志向性（We-Intentionality）」などの集団的信念や集団的意図などについて語るためには、ひとつの集団や複数の集団について語る方が都合がいいからだ（Searle 1995; 中山 2004, 2008, 2009a）。

発話を遂行する行為者は、すでに、世界内存在・歴史内存在・社会内存在としての個人である（中山 2008, 2009a）。このような行為者は、同じ社会組織Ｇに生きる他の人々と多くの信念を共有し、Ｇで承認された規範（Ｇ－規範）の存在を承知している。だから、Ｇ－構成員のある行為者が何かを語るとき、彼は常に、Ｇで共有された信念の一部やＧ－規範の一部を前提にしている。また、Ｇ－社会的事実は、集団的信念（collective belief）を基盤に成立している（中山 2004）。だとするなら、聞き手は、会話や討論において、この前提にされた信念や規範の妥当性に異議を唱え、これらの正当性について議論することができる。そして、このような集団において前提とされたことへの異議申し立てが、無批判な前提の受け入れに対する批判となるのである。また、このような批判可能性の確保は、社会組織の中で、確かに、重要な意味を持っている[13]。

これまで何度か指摘したように、ハーバマスの議論には、何が基盤であるかについてのいくつかの逆転が見られる。目的合理的行為とコミュニケーション的行為の議論に関しても、同じく、このような逆転が見うけられる[14]（Habermas 1981: Band 1, III, 邦訳（中）第三章（６））。行為が自己中心的になされているかどうかは、行為の目的が個人の目的に限定されているかどうかによって決まるはずである。目的を共有し、この目的達成のために各個人が課題分担を行い、その分担に関して全構成員が相互了解にいたることを示すことにより、共同行為の記述が可能なことを、私はかつて示そうとした（中山 2004: 第6章）。つまり、目的合理的行為と集団的志向性を組み合わせることにより、共同性の次元は分析可能である。(15) だから、コミュニケーション的行為は、集団的な目的合理的行為の一タイプとして扱うことが可能であり、これら二つの行為類型は、対立するものではない。

サールは、言語哲学の研究の後、志向性の分析の必要性を感じたが（Searle 1983）、それは当然のことと言える。行為の分析の背後には、その行為を実践する心を持った行為者がいる。行為者の心の構造がどのようなものであるかを解明せずに、行為を論じることには限界がある。目的合理的行為の背後にある心のモデルは、素朴心理学のモデルである。それでは、コミュニケーション的行為を可能にする行為者の心のモデルとは何だろうか？　私には、ハーバマスは、コミュニケーション的合理性を単に理論的に必要なものとして要請しているにすぎないように思われる。(16)

普遍語用論の吟味

ハーバマスの妥当性要求の理論について、もう一度考えてみよう。学問的議論の場合には、前提とされている考えを批判すること、そして、議論によって論拠を明らかにすることにより合意に到達する可能性を、この理論は示唆している。よく批判されるように、理想的条件での討議（Diskurs, discourse）による合意というハーバマスが提案する問題解決の構図は、必ずしも現実的なものではない。ある科学理論が捨てられ、新しい理論に取って代わられるプロセスにおいて、論拠を提供しあう討論が重要な役割を果たす場合も確かにあるだろう。しかし、理論の交代は、トーマス・クーン（T. S. Kuhn, 1922–1996）やイムレ・ラカトシュ（I. Lakatos, 1922–1974）が指摘したように（Kuhn 1962; Lakatos 1978; 中山 2008: 第五—六章；中山 2010b: pp. 78–83, pp. 98–103）、旧理論が対抗する新理論に対して魅力を失い、旧理論を基盤にして研究する科学者集団が衰退し消滅していくということにより、説明できる場合も多くあるだろう。そして、ラリー・ラウダン（L. Laudan, 1941–　）が指摘するように（Laudan 1977）、科学理論の優劣は、問題解決能力の拡張によって判断される（中山 2002, 2008, 2010b）。だから、討論による真理の追究は、科学活動の一側面しか表していない。そして、科学における知の集団的形成について当てはまることは、知一般についても当てはまる。知は集団の実践を可能にするものであり、ある知識体系が正しいかどうかは、討論の場だけでなく、それぞれの具体的な実践の場面でもテストされているのである。

規範的正当性の問題に関しても、社会組織の設計という工学的・戦略的アプローチは不可欠である。社会組織の設計に関しては、経験に裏打ちされた専門知識が必要とされる。それは、長年の使用に耐えうる橋を作る場合に実践的な工学的知識が必要になるということと似ている。独裁国家の台頭や社会主義国家の建設も、そのような社会組織の設計における実験であったと考えることができる。全構成員の人権が守られた生活を保障する社会組織の維持というような目的が共有されていれば、私たちは、この目的達成のために、むしろ、積極的に目的合理的に行動すべきだろう。重要なのは、目的の共有であり、合意形成は、目的を共有するためのプロセスの一部を表現しているにすぎない。というのも、私たちは、合意が形成された後にも、共有された目的を目指して、それぞれの課題を（効率よく）処理していかなければならないからである。

ハーバマスは、言語行為論を発展させた普遍語用論を提案し、コミュニケーションの間主観的見解を描いてみせた。しかし、サールが指摘するように（Searle 1991）、そのような議論を展開するためにも、コミュニケーションの意図的見解は基盤として必要となる。また、ハーバマスは、合意形成のための妥当性要求をコミュニケーションの本質と考えたが、会話の参加者が異議を唱えることができることには、妥当性要求のみではなく、前提も含まれている。いかなる場合にも、人々はなにごとかが正しいと前提して話している。だから、前提への異議は、どんな場面でも基本的に可能であると同時に、コミュニケーションの意図的見解と整合的なものである。そして、前提に対して異議を唱えることにより、問いは明確化され、発話により要求されたことがらの正当性に関する新たな議論に入っていくことが可能になる。また、コミュニケーション的行為も目的合理的行為の一タイプにすぎない。重要なのは、むしろ、目的はある集団において共有されうるという事実である。

本書第一章第2節で見たように、ハートは第一次規則と第二次規則とを区別した。ゲームの規則を変更するには、人はそのゲームの外側に出て、メタ・ゲームの規則（つまり、第二次規則）に従い、元々のゲームの規則を変更しなければならない。ハーバマスの言う「妥当性要求に対する異議申し立て」は、同様にゲームの外側へ出る一歩として捉えることができる。

そもそも批判という行為は、実行中のゲームの外側へ出ることによりはじめて可能となる。そして、そのような外側にも何らかのメタ・ゲームが用意されていなければならない。ハーバマスの言う「討議による合意形成」は、そのようなメタ・ゲームの一種と考えることができるだろう。

S（サール）は、一九六〇年代に言語行為論をすっきりとした形にまとめたことで、若くして有名になったんだ。特にSがした言語行為の五分類は、言語行為をとても見通しのよいものにしたわけだ。だけどN（中山）は、Sの宣言タイプの分析がまだ十分じゃないと、文句をつけている。Nの考えでは、「あなたを部長に抜擢する」という社長のひとことで君の親父が部長になれたのは、会社の中のみんなが君の親父が部長になったと思い、その思いが自分だけのものでないと思うようになったからだ。Nは、Sがこのことを十分に説明していないといきまいている。

それでは、H（ハーバマス）の方はどうだろうか。Hは「批判」や「異議申し立て」というような言葉が好きな人だ。だから批判の足場がどんなふうに支えられるかが、Hにとっては大切なんだ。Hは、何が正しいかはみんなが自分自身の立場を離れてとことん話し合うことで決めることができると考えている。Nは、科学の問題や事実問題では、そんなことはないと、Hに対して反対している。イチゴが赤いのは、人々が話し合うことと何の関係もないというのが、Nの考えだ。それからNの考えでは、異議申し立ては言われたことの内容だけでなく、そのときに人が正しいと思い込んでいることに対しても向けることができる。Hはこのことをはっきりさせていないと、Nは言うんだ。だけどHは、社会的批判と言語行為とを結びつけたことで、独特なんだ。何よりもHは、とても勉強家で、いろいろなことについて対話の姿勢を見せる人なんだ。頭が下がりますねえ。

第三章　サールの社会存在論

サールは一九九〇年代頃から、社会がどのように成立するのかという問題に対する提案を『社会的現実性の構築』(1995)や『社会的世界の製作』(2010)などの著作で行っている(以下これらの著作をそれぞれ、『構築』と『製作』と呼ぶことにする)。サールのこのような仕事は、「社会存在論」と呼ばれる分野に属し、分析的形而上学の存在論という領域に含まれる。

このサールの『製作』では、基本的には、『構築』と同様に、制度や制度的事実がどのように成り立つかという問題を、集団的志向性や機能帰属や構成的規則などの概念を用いて説明することを目指している。ただしこの新著では、より一般的な制度的事実の理論の構築が試みられるとともに、『構築』で用いられたいくつかの基礎概念を修正している。この章では『製作』で提案されたサールの社会存在論がどのようなものであり、それがどんな問題点をかかえているかを分析していきたい。

1　サールの社会存在論の構想
「社会存在論」って何?

サールは『製作』において、社会科学を存在論的に基礎づけることを、試みている。サールが言う「社会存在論」というのは、国家や貨幣や会社や野球などの存在者の根本的特性を説明する分野のことである。これら社会的存在者の不思議なところは、「オバマはアメリカ大統領である」で表現されるような客観的事実を主観的態度に基づいて生成し維持できているということにある(p. ix)。また、物理的基盤を持った事実と社会的特性を持つ事実とはどのように関連しているのかを説明するのも社会存在論の課題のひとつである。サールは、この社会存在論への取り組みを『構築』において出発させ、『製作』においてこれをさらに発展させることを試みた。このサールの取り組みが、この章での議論の出発点となる。

社会存在論の新展開

サールが『構築』を出版したのは、一九九五年のことであり、『制作』出版までには十五年の年月がかかっている。サールは、『構築』が与えた学問的影響のいくつかを『製作』の「謝辞」のところで解説している。またサール自身も、自分が勤めるカリフォルニア大学で、バークレイ社会存在論グループという研究グループを組織している。

まず、二一世紀に顕著になったこの議論の拡がりを、サール自身の記述に基づいて描いておこう。近年続々と出版された社会存在論に関わるサールの取り組みに関する論文集は、最近展開されている白熱した議論の一端を伝えている。『経済学と社会学のアメリカ学術誌』は、二〇〇三年に『社会的現実性についてのジョン・サールの考え——拡張と批判と再構築』という特集を出版し、後にこれが本として出版されている（Koepsell *et al.* 2003）。さらに学術誌『人類学理論』も『制度についてのサール』という特集を二〇〇六年に出版している（D'Andrade 2006）。そしてツォハチディスは、『意図的行為と制度的事実——ジョン・サールの社会存在論に関する論文集』を二〇〇七年に編集し、出版している（Tsohatzidis 2007）。また、サールの社会存在論に関する国際会議がアメリカやヨーロッパで開催され、それをもとに複数の論文集が出版されている（*JEM* 2002, Grewendorf *et al.* 2002, Smith *et al.* 2008）。論文集の出版物をもたらしたこれら国際会議とは別に、二〇〇五年から二〇〇八年にかけて、サールの社会存在論の提案に関わるような多くの国際会議や講演が開催されている。このように、『構築』が与えたインパクトは、通常の哲学書の影響力をはるかに超えた例外的なものだった。

しかし、このような時期にもサールは、社会存在論だけに専念していたわけではない。他にも、心の哲学や合理性の哲学などに関する著作をサールは出版している。彼の最近の多くの著作の特徴は、自分が過去になした仕事の成果がこれらの著作の中で繰り返し紹介されていることである。『製作』においても、このことは例外ではない。言語行為論、志向性の分析、合理性の分析、集団的志向性の分析、制度的事実の分析がこの著作の前半部のいくつかの章で紹介されている。またこれは、サールの思索の一貫性を表してもいる。

『構築』における制度のリアリティの説明

『製作』を理解するためにも、まず、『構築』で提案されていた構成的規則のはたらきを理解しておくことがいいだろう。構成的規則は、「Xを（文脈Cにおいて）Yとみなす」という形式で表現される。そして、「Xを（文脈Cにおいて）Yとみなす」と人が言うときには、XにYの機能が帰属されている。このとき、Yで表されているのが地位機能である。Xは物体であることも別の地位機能であることもできる。Xが地位機能になっているときには、それを導入した別の構成的規則があるはずである。つまり、構成的規則は入れ子になりうる。別の角度から見ると、構成的規則「Xを（文脈Cにおいて）Yとみなす」は、「Yが存在する」という事実を生成し維持する規則である。また、この構成的規則の適用によってYという機能がXに帰属されることになる。そして、この構成的規則が有効性を持つのは、人々がこの規則を集団的に承認するからである。このように、制度的事実を成立させるためには、構成的規則と機能帰属と集団的志向性が関わっていることがわかる。

ここで、一万円紙幣の例を用いて、構成的規則「Xを（文脈Cにおいて）Yとみなす」のはたらきを考えてみよう。日本銀行で発行され福沢諭吉の絵が描かれている紙片（このような紙片のことを以下、「福沢紙片」と呼ぶことにする）を、私たち日本人は「一万円札」と呼んで、商品などの売買に用いている。このとき、Xは「福沢紙片」で置き換えることができ、Cは「日本国内」で、そして、Yは「一万円札」で代入できる。すると、一万円札に関する構成的規則は、「福沢紙片を（日本国内で）一万円札とみなす」と表せることになる。このとき福沢紙片には、一万円札機能が帰属され、このことは日本国民によって集団的に承認されてもいる。この例からもわかるように、社会の中で生活する私たちはいたるところに構成的規則の適用例を見出すことができる。

以上が、だいたいで、『構築』の主要な主張ということになる。

制度的現実性の構築と維持

『製作』は、『構築』の路線上にはあるが、『構築』の不十分性を乗り越えて、より一般的な社会存在論の理論を提案しようとしたものである。『構築』においては、「Xを（文脈Cにおいて）Yとみなす」という構成的規則が制度的現実性を説明するのに十分であると、サールは考えていた。『製作』ではサールは、構成的規則では地位機能宣言の部分的事例しか扱えていなかったと反省している（p. 19）。

ここで『製作』における基本的主張をまとめておくと、次のようになる。「人間社会は制度が構築されることにより形成される。そしてこの制度は、人々や団体に地位機能を帰属させ、義務論的権力（deontic force）を創造し分配する」（Searle 2010: p. 200）。これはどういうことなのだろうか。サールが「地位機能」というのは、（制度の中に位置づけられた）役割や機能のことである。役割には、義務や権利や責任がともなう。この義務や権利や責任のことを、サールは「義務論的権力」と呼んでいる。『製作』と『構築』の間の大きな違いのひとつには、この「義務論的権力」という用語が分析に用いられるようになったことがある。

サールによれば、制度的事実は地位機能の一種である。そして、地位機能は義務論的権力を含意し、義務論的権力は常に欲求から独立の行為理由を行為者に提供する（p. 23）。このように『製作』では、制度と個人をつなぐものとして、義務論的権力が登場する。サールは、次のように述べている。

「現実を、それが存在しているものとして表象することによって創造する能力を、私たちは持っている。私たちがこのようにして創造できる現実は、義務論の現実のみである。それは、権利や責任などを付与する現実である。しかしこれは、ささいな成果ではない。というのも、これらの権利や責任などは、人間社会をひとつのものとして保持させる接着剤であるからだ」（p. 89）。

サールは、合理性の議論においても、欲求から独立の行為があることを強調している（Searle 2001）。このような欲求から独立の行為の例としては、義務に従った行為や責任をはたすための行為がある。そして、このような義務が制度的なものであるときには、義務論的行為の遂行は、制度の実在を前提としたものとなり、そのような前提を受け入れているという態度が、制度にリアリティを与えるものとなる。

『製作』における視点のシフト

『製作』は、『構築』と同じ路線上で議論を展開するが、重点の置き方や議論の仕方に微妙な違いが見られる。それは、『構築』に与えられた研究者たちの批判に答えるために、サールがそこでの枠組みを調整し、自らの立場を微妙にシフトさせたからである。サールは、いまでは、構成的規則と制度的事実の間に埋めることのできない小さなズレを見るようになっている。

「すべての地位機能は制度的事実である。しかしすべての制度的事実が構成的規則から成る先行的制度の内に存在するわけではない」(p. 23)。

構成的規則「Xを（文脈Cにおいて）Yとみなす」の限界は、Xが存在しない事例でも示される。これが、「宙に浮いたY項」と呼ばれる問題である(p. 20)。これは、電子マネーなどの電子情報によって地位機能が担われる場合などに現れる。このようなときには、電子マネーのようなものは仮想的にしか実在しないため、構成的規則内のX項を特定することができなくなる。

『構築』では、すべての制度的事実は制度のうちに存在すると捉えられていた(p. 23)。しかし、原初的な村落では、制度がないのにある人がその部族のリーダーとして構成員たちの即座の決断により選ばれるかもしれない(p. 19f)。このような指摘に対してサールは、この部族の例は前制度的事例であり、制度形成へと向かうものであると答えている。つまりそれは、構成的規則を基盤にするサールの説に対する根本的批判ではないと（p. 21）。『製作』ではサールは、このようなケースを地位機能宣言によって説明しようとする。この説明によるとここでは、部族の中のある人物が部族リーダーにさせられている（p. 22）。そしてここでは、XをYとみなすという構成的規則は、地位機能宣言の一事例ということになる。

さらに、制度的事実からの体系的帰結それ自身が制度的事実だとは限らない。日本経済が現状で不況であることは、制度についての事実ではあっても、制度的事実ではない(1)。というのも、この日本の不況という事実は、義務論的権力を伴わないからである（p. 23）。

言語の役割

サールの分析のひとつの特徴は、言語の役割を重視する点にある。特に、サールの宣言の分析は、中心的役割を担っている。このサールの分析の基盤は、一九七〇年代に彼が提案した言語行為の適合性の方向にある(2)（Searle 1979; 中山 2004: 第三章）。サールは、言語行為のタイプを、主張型、指令型、行為拘束型、表現型、宣言型の五つに分ける。サールによれば、それぞれのタイプの言語行為は、それに特徴的な充足条件（satisfaction condition）に関する適合性方向を持っている。主張型の言明が充足されるのは、世界の状態に語により表現された内容が適合する場合なので、主張型の言語行為の適合性方向は、語から世界へということになる。指令型の言語行為では、言明の内容を充足するように聞き手が行為し世界を変えるとこの言明は充足されるので、適合性方向は世界から語へということになる。ここで重要になるのが宣言である。「この子を茂と名づける」というような宣言では、そのような宣言を発することにより、この言及されたことを成立させることになる。そこで宣言の適合方向は、語と世界に関して両方向ということになる。そして、この五つのタイプの言語行為の適合性方向に関してはじめの四つは、志向的状態の側に類似のものを持つと、サールは言う。例えば、主張型は信念と、そして、指令型は欲求と、自己拘束型は意図と、さらに、表現型は感情と、同じ特性の適合性方向を持っている。しかし、宣言型の場合だけは異なっている。

「しかし、宣言には前言語的に類似するものがない。前言語的志向的状態は、これらの事実をすでに存在しているものとして表象することによって、世界の中に事実を創造することはできない。この驚くべき離れわざには、言語が必要になる」(Searle 2010: p. 69)。

そしてサールの考えでは、宣言は制度的現実性の生成に決定的役割をはたす。

「制度的事実の創造に関する論理形式は、宣言の論理形式であり、そのため遂行的発話の論理形式と同じである。あるものについて、それが成立しているものとして表象することにより、私たちはそれを成立させる。制度的現実性の場合には、これらすべては地位機能宣言である。というのも、それらは、それらが存在すると宣言することにより地位機能を創造するからである」(Searle 2010: p. 88)。

つまりサールの提案では、宣言という言語行為が制度的現実性を支えるものとなる。『製作』ではこの宣言の概念が、地位機能宣言という形で、言語行為を超えて拡張されることになる。

2　権力概念の分析

権力がうまく説明できてるの?

『製作』において、サールが新しく扱ったテーマがある。それが、権力(power)や人間的権利の問題である。[3] ここでは、権力というテーマにしぼって、サールの考察を紹介したい。

義務論的権力と背景的権力

義務論的権力には、義務や権威化や許可や要求が属する。これら義務論的権力は、社会と個人を結びつける。サールは、この義務論的権力が他の権力とどのように関わるのかを、『製作』の第七章「権力――義務論的、背景的、政治的など」で論じている。サールはまず、権力の特性を次のように五つにまとめている(Searle 2010: p. 151f)。

（1a）権力の核になる概念は、次のようにまとめられる――Aが行為Bに関してSに対して権力を持つのは、（SがそれをしたいとN思っても思わないでも）Bに対してAがしてほしいことをSがするようにAが意図的にさせることができるとき、かつ、そのときに限る。

（1b）人間同士の間の権力は、通常、言語行為を通じて行使される。

（1c）権力の概念は、論理的に、権力の意図的行使の概念と結びついている。「SがBをする権力を持っている」は、「他のことが同じなら、SはBする権力を意図的に行使できる」を含意している。

（1d）［精確性制約］人が権力について語るときにはいつでも、精確に誰に、精確に何をさせる権力を、精確に誰が持っているかを、人は言うことができるべきであることは、権力についての満足な議論への制約である。

（1e）権力の行使に関する脅威やあるいは既知の意見でさえも、ある状況のもとでは、権力の行使でありうる。

このような権力の特徴付けを基盤にしてサールは、ミシェル・フーコー（M. Foucault, 1926–1984）の生権力(4)（bio-power）や背景的権力や政治的権力について議論している。私たちはここでは、背景的権力についてのサールの議論を続いて見ていくことにしよう。

成文化されておらず、明示化されておらず、意識さえもされていないような権力があると、サールは考える。このような権力のことを、サールは、「背景的／ネットワーク的権力」あるいは単に「背景的権力」と呼ぶ。サールの背景的権力の例は、サールがTシャツで講義をすることを学生たちは認めるだろうが、彼がスカートとハイヒールをはいて講義をすることを学生たちは認めないだろうというものである。つまり、私たちは暗に前提された行動規範を意識せずに受け入れて行動しており、私たちの行動は背景的な行為制約に影響されている。

サールの分析とは異なるが、私の観点からは、この背景的権力はまさに社会的に構成された規範を基盤にしている。サールがあげている例も、ジェンダーや差別の例として解釈できる。そしてこのような無意識に受け入れられた規範は、それを暴露し、批判することにより、変えることができるものであり、それはジェンダー論の格好のテーマでもある（Butler 1990; Hacking 1999; 上野 2001; 中山 2008: 第十章）。

政治的権力の分析

サールは、政治的権力についての本質的事項を次のような九つの命題にまとめている（Searle 2010: pp. 164–173)。

（２ａ）すべての政治的権力は、地位機能の問題である。そしてこの理由で、すべての政治的権力は義務論的権力である。

（2b）すべての政治的権力が地位機能の問題なので、上から行使されるにも関わらず、すべての政治的権力は下から形成される。

（2c）個人は、集団的志向性に参加する彼や彼女の能力によって、すべての政治的権力の源泉であるにもかかわらず、個人は典型的には無力に感じている。

（2d）政治的地位機能のシステムは、容認された義務論的権力が行為に対して欲求から独立の理由を提供するので、少なくとも部分的には機能する。

（2e）一般的な政治的権力と特別の能力としての政治的指導者の間に区別があるということは、ここまでの分析のひとつの結論である。

（2f）政治的権力が地位機能の問題なので、それら権力は、ほとんどの場合、言語的に構成されている。

（2g）社会が私たちの意味で政治的現実性を持つためには、社会はいくつかの他の（次の三つのような）顕著な特徴を必要とする。第一に、公共圏と公共圏の部分としての政治的なものを伴った私的圏域の区別。第二に、非暴力の集団的衝突の存在。そして第三に、この集団的衝突は義務論的構造の内部での社会的財についてのものでなければならない。

（2h）武装された暴力手段の独占は、政府の本質的前提である。

（2·i）安定した民主主義は、不一致に対する寛容という背景的前提を基盤にしている。

理論的には、政治的権力も義務論的権力の一種であるということが重要である。つまり、哲学的には、義務論的権力を分析することで、政治的権力に関する一般的な問題は分析できたことになる。この著作でサールが指摘したかったことは、(2)のまとめに示されているような形で、政治的権力と義務論的権力の関係を明らかにすることだった。そしておそらくそこまでが、社会存在論に属する問題なのである。

3　批判的考察
いい線いってるけど、ちょっとおかしい

この節では、私の観点からサールの考察に関して納得のいかない点をいくつか指摘しておきたい。

宣言と適合性方向に対する方法論的批判

『製作』における発語内行為や志向性が持つ適合性方向についての議論は、サールが『表現と意味』(1979)や『志向性』(1983)で展開した議論を基盤にしている。適合性方向は、言語行為では語と世界の間の方向であり、志向性では心と世界の間の方向となる。この方向には、下向き(↓)、上向き(↑)、向きなし(ϕ)、両方向(↕)の四つに分けられる。しかし、この適合性方向の描写に現れる

「世界」とは何なのだろうか？　サールの議論は、この世界概念を十分に明確にしないで展開されている。

私は、『共同性の現代哲学』(2004)以来、事実を三つのカテゴリーに分類している。それらは、物理的事実、内省的事実、社会的事実の三つである(中山 2008, 2009a)。まず、主張型の言語行為について考えてみよう。三つの事実の分類について、それらに対応する言明の真理条件は、私の見解では、次のように表せる。

(3a)「物理的事実に関する主張の例」「本館第3講義室には、机がちょうど二十ある」が真なのは、本館第3講義室には、机がちょうど二十あるとき、かつ、そのときに限る。つまり、この言明が真かどうかは、世界のある一部の物理的構造に依存して定まる。

(3b)「内省的事実に関する主張の例」「中山はいま足が痛いと思っている」が二〇一一年五月五日に真なのは、中山が二〇一一年五月五日に足が痛いと思っているとき、かつ、そのときに限る。そして、中山が二〇一一年五月五日に足が痛いと思っているのは、中山が二〇一一年五月五日に足が痛いと思っていると中山が自覚しているとき、かつ、そのときに限る。つまり、この言明が真かどうかは、関係している主体の自覚に依存して定まる。

(3c)「社会的事実に関する主張の例」「菅直人は、二〇一一年四月の時点で、日本の首相である」が真なのは、菅直人が、二〇一一年四月の時点で、日本の首相であるとき、かつ、そのときに限る。そして、菅直人が、二〇一一年四月の時点で、日本の首相であるのは、このことが日本国民の共有信念を基盤にして成立しているとき、かつ、そのときに限る。

このように、物理的事実に関する主張の真理性は物理的世界の状態によって基礎づけられるが、内省的事実や社会的事実については、このことはあてはまらない。内省的事実についての主張の真理性は、言及された主体の自らの心的状態についての自覚によって基礎づけられる。そして、社会的事実についての主張の真理性は、前提された集団の共有信念によって基礎づけられる（中山 2008, 2009a）。こう考えると、主張型の言語行為の充足条件に関する適合方向が〈語から世界へ〉であるとは簡単に言えないことがわかる。ここではそれぞれ、物理的世界、自覚を伴う心的状態、そして、ある集団における共有信念が関わっている。

私の分析によれば、宣言型の言語行為によって生成される事実は、常に、社会的事実である。宣言は、付与された権限の行使と結びついている。野球を例にして、考えてみよう。審判はゲームの中で、付与された権限に基づいてセーフやアウトの判定を行う。そして、プレイヤーたちは、審判の判定に従わなくてはならないという義務規定に従い、その判定結果を事実として受け入れる。そしてこのとき、このゲームに参与するすべての者たちの間でこの判定が共有信念となり、社会的事実が成立することになる。サールは、地位機能宣言の説明の中で、「これらの事実をすでに存在しているものとして表象することによって、世界の中に事実を創造する」（Searle 2010: p. 69）と言っているが、「表象するのは誰なのか？　世界とは物理的世界のことか？」と私は問いたくなる。少なくともサールの宣言による事実生成の議論には、説明の飛躍が見受けられる。

ゲームと社会組織

サールはかつては、構成的規則をよくゲームとの関連づけで説明していた（Searle 1969）。しかし『製作』では、このゲームへの類推は後退している。実際サールは、ゲームの理解は、言語の理解を前提にしているとして、言語理解の重要性を強調している。

「『言語行為』における言語についての私の最も昔の説明では、言語を説明するために、ゲームや他の制度的現象との類似を用いようと試みた。言語がゲームとどれだけ似ているかを示すことによって、私は言語を説明しようとした。いま私は、ゲームや他の非言語的制度現象の存在は、言語によってだけ説明されると、力説する。あなたがすでに言語を理解しているときにだけあなたはゲームを理解できるのだから、言語を説明するのにゲームとの類似を用いることはできない」（Searle 2010: p. 114f）。

しかし、いないいないばあなどの原初的ゲームや遊びへの理解は、言語習得に先行して現れる。ヴィトゲンシュタインの言語ゲーム論が示しているように、ゲームは、言語使用を特定の文脈に縛り付けることを可能にするため、その言語使用の獲得を容易にする。サールは、このようなゲームと言語学習のつながりを否定してしまっている。

そして、サールの『構築』にも『製作』にも、社会組織に関する分析が欠けている。しかし、ある人に課せられる役割や義務は、通常、ある特定の社会組織に属するがために発生するものである。例えば、ある大学に勤務する教員に課せられる義務は、その大学という社会組織に属するという理由から生ずるものである。その大学をやめることをある教員が決意すれば、その後それまではたしていた義務に従う理由は消滅する。例えば、大学に行って授業をしなくてもよくなる。

このように、義務論にとっての社会組織の重要性を確認すると、ゲームとの類推の有効性も見えてくる。野球のようなチームゲームでは、チームの中での守備や打順に関する役割分担があり、ゲームをしている間は、野球の規則に従うという義務が発生する。これは、勤務時間の間は、会社の指示に従わねばならないという会社員たちが担う義務の特性と似ている。こう考えると、社会組織にゲーム構造を読み込むことにより、サールが『製作』でしたよりもより詳細な社会の分析ができることがわかってくる。そして、そのような具体的な分析を私たちは、本書第Ⅲ部で試みることになる。

S（サール）は、自信たっぷりな人で、「おれの言うことはみんな正しい」と思っているように見えてしまう。でもそれだけに、Sは独創的だし、何といってもとってもわかりやすい。「社会存在論」という言葉も勇ましくていいね。Sは、タブーを打ち破っていく人だね。

Sが社会存在論で示したいと思っているのは、アメリカ大統領や百ドル札が持っているリアリティのことだね。このリアリティは、地位機能をみなが認めることで生まれてくると、Sは言っていますね。アメリカ大統領の場合は、大統領が持ついろいろな権限をアメリカ国民が認めているから、オバマ大統領にも威厳が生まれて、内閣や公務員の人たちも大統領の指示に従って動くようになるということだね。百ドル札にも、百ドル分の価値をアメリカ国民が認めているので、百ドル札で買い物ができたりしているわけさ。

N（中山康雄）は、もっとゲームや社会の中の組織のことを考えてほしいと、Sに対して文句をつけているね。Nは、いろいろなものが社会的にうまくはたらくためには、ある種のゲームがプレイされていないといけないと、考えているようだ。Sは言語に、Nはゲームに独特のこだわりを見せているのだね。

Ⅱ　規範とゲームについての哲学的分析

社会的現象を哲学的観点から適切に説明するためには、規範とゲームが何であるかを明らかにしておかねばならない。規範に関する推論がどのようなものであるかは、意外なことにまだ十分な研究成果が出ていない問題である。まず第四章では、規範に関する推論について、新しい体系の提案をしたい。一方、ゲームが何であるかは、一九二〇年代からのフォン・ノイマンらの研究によってかなり解明されている問題である。第五章では、ゲームのどのような特性に私が注目するかを明らかにしておきたい。

第四章　規範体系とは何か

私たちの行為の基盤にあるのは、一体、何だろうか？　私の回答は、「規範体系が人々の行為のひとつの重要な基盤となっている」というものである。規範体系は、「〜しなければならない」、「〜してはならない」という義務や禁止からなる体系で、人々がそれに従って行動することで、現実世界に影響を与える。まだ眠いのに朝早く起きるとき、「会社に時間通りいかないといけない」と、君は考えているのではないだろうか？　あるいは、いそがないと試験に遅れてしまうと、君は考えたことはないか？　君は、しばしば、規範体系に従うことで自らの行動を決定し、社会組織の一員として生きていくことができている。だとしたなら、規範体系の分析は、人間を理解するために、大きな意味を持つはずである。

1　道徳原理とは何か　何が正しいか、どうやってわかるの？

ヘアがメタ倫理学の議論の中で論じたように、適切な道徳的判断は一般的な道徳原理からの推論によってなされると思われる。このことは、道徳的判断だけでなく、規範的判断一般に関しても成り立つだろう。この説では、ヘアが道徳言語をどのように分析したかを見ておこう。このヘアの議論の分析は、本章第3節でなされる規範体系論理学を理解する助けにもなるだろう。

命令法の分析

ヘアの『道徳の言語』(1952) は、メタ倫理学の古典のひとつである。この本でヘアは、道徳言語は指令言語の一種であるという考えを打ち出した。そして指令言語は、命令法と価値判断を基盤にしているとの分析から、命令法の論理と価値判断の論理の解明が必要だと、ヘアは考える。

ヘアは、命令法と直接法という話法を分け、命令法の表現は直接法の表現で完全に置き換えることはできないとしている。そして、ヘアは次のように主張する――「諸前提の中に少なくとも一つの命令法がなければ、妥当な推論の結論に命令法は現れることはできない」(Hare 1952: p. 32, 邦訳 p. 44)。ヘアの妥当な推論の例を少し私なりにアレンジして表現してみよう（表4－1)。推論線の上側はすべて前提となる文を表わしており、その下側はそれらの前提から帰結する結論のひとつを表わしている。また、「**命令**［S、H］p」というのは、私がここで明確化のために導入した記号であり、「SがHに対してpということを命令する」ことを意味している。

表 4－1　命令法を含む文の推論の例

日常言語での表現：

すべての箱を駅に運べ	［命令法形式の前提］
これはその箱のひとつだ	［直接法形式の前提］
これを駅に運べ	［命令法形式の結論］

中山による整理：

命令［S, H］
　すべての x_1 について x_1 が箱 **ならば** H は駅に x_1 を運ぶ
a は箱

命令［S, H］H は駅に a を運ぶ

ヘアの分析は、この私の分析とは多少異なるが、彼は少なくとも直接法に還元できないような論理的な単位があると考えている。実は、ヘア自身は直接法と命令法の意味の区別を次のように分析している（Hare 1952: p. 188, 邦訳 p. 249）。

（1a）あなたがすべての箱を駅に運ぶこと・はい
（1b）あなたがすべての箱を駅に運ぶこと・どうぞ

（1a）は「あなたはすべての箱を駅に運ぶ」という直接法の文のヘア流の分析を、そして（1b）は「すべての箱を駅に運べ」という命令法の文のヘア流の分析を表わしている。ただし、ヘア自身は命令法の意味をこの著書の中で厳密な形で解明したわけではない。つまり、先の分析に現れる「はい」や「どうぞ」が何を表現しているのかを、ヘアは満足のいく形では説明していない。ただ、命令法

の文は、直接法とは別の次元を持つ文として表されねばならないことを力説したのである。

道徳原理の普遍性

命令法は、話者が聞き手に対してある指令を発するために用いられる。だからこの指令は、限定された状況の中でしか成り立っていない。これに対し、道徳原理は基本的に誰にでもあてはまるものである。だから、道徳原理は単純な命令法によっては表現することはできない。ここでヘアは、道徳原理として具体的には、「人は真実を語るべきである」というような文によって誰にでも適用されるようなある種の普遍的指令のことを考えている。

先に見たように、ヘアの提案によれば、直接法の文は「p・はい」と分析でき、命令法の文は「p・どうぞ」と分析できる。日本語や英語の命令法では、特定の聞き手に対する指令しか表現できないが、ヘアの書き換え法を用いると、「人が真実を語ること・どうぞ」というように、このような普遍的指令が表現できるようになる。ヘアはこれをまず、約定的な「べき」の定義として用いることを提案する。つまり、「人は真実を語るべきである」を、「人が真実を語ること・どうぞ」という表現の省略形として規定するのである（Hare 1952: p. 190f, 邦訳 p. 252）。そして、先に表4－1で示した推論を用いれば、普遍的指令から個別的指令が導けるようになる。私流の表現を用いると、この推論は表4－2のように表現できる。ただし表4－2の中で、「**命令**［S、H］p」は、「＊**命令**［S］（Hは行為主体 **かつ** p）」の省略形とする。

表 4－2　普遍的指令を含む文の推論の例

日常言語での表現：

すべての行為主体は真実を語るべきである	［普遍的指令］
茂は行為主体	［事実言明］
茂は真実を語るべきである	［個別的指令］

中山流の整理：

命令*［S］
すべての H について H が行為主体 **ならば** H は真実を語る
茂は行為主体

命令［S, 茂］茂は真実を語る

このように考えると、残された問題は、約定的に定義された「べき」が日本語の「べき」とどのように関わっているかということになる。ヘアは、「べき」は「べき」の用法のある一側面を描いてはいるが、「べき」のすべての用法を描いたものではないことを認めている。しかし、「べき」が捉えているのは、メタ倫理学の核心に当たる部分であると、ヘアは主張する。つまり「べき」は、ある仕方で行為すべきだという理由を道徳的判断がどのように提供するのかを示していると、ヘアは言うのである（Hare 1952: p. 196f, 邦訳 p. 260）。

いままで見てきたように、ヘアの議論はかなり示唆的なものである(1)。またこの節では、私流に表現した指令に関する推論図式は、本章第3節、および、付録1で記述される推論図式と深くかかわっている。

2　従来の規範的推論の分析とその問題点
ちょっと変だなと思うところ

私が知る限り、規範体系の分析は、哲学の伝統ではあまりなされることがなかった。私の観点からは、倫理学も、一種の規範体系の間接的研究と考えることができる。しかし倫理学においては、規範が何故正当性を持つのかという問いに対し、規範一般の問題というよりも、道徳に関わるもっとずっと限定された形で扱われるのが普通だった。[2] 私は、規範を扱うためには、それでは不十分だと思う。よく哲学者は、法的規範と道徳的規範を区別し、道徳的規範のみが哲学の問題だとしてきた。私は、そうではないと思う。ここには、規範一般に関する問題があり、それを解明することで、法的規範の問題は解明される。そして道徳的規範の問題は、この作業の中で、副次的に解明されるはずである。この節では、規範に関する論理的アプローチの代表として論理学者たちの間に広範に受け入れられている義務論理学（deontic logic）について、批判的に検討しておきたい。

義務論理学のアプローチ

義務論理学というのは、様相論理学（modal logic）の一種であり、義務様相（deontic modality）を扱う論理学の分野である。この章で私が提案する規範体系論理学は、この義務論理学が抱える困難を克服するために提案されたものである。そのため、義務論理学がどのようなものかを説明しておきたい。

現代の形の義務論理学をはじめて提唱したのは、フォン・ウリクトである（von Wright 1951）。様相論理学は、必然性の演算子と可能性の演算子を含んだ論理体系だが、標準義務論理学（standard deontic logic, SDL）は、義務と許容の演算子を含んだ論理体系である。つまり、義務論理学における義務は様相論理学における必然性に対応し、許容は可能性に対応することになる。

様相論理学の基盤になるのは、Kと呼ばれる基本体系である（付録1参照）。このKが最小の様相論理学の体系である。ここでは、「pは必然的である」を「**必然**p」で表そう。すると、「pは可能である」は「pでないが必然的ではない」と定義できる。このことを、少し記号を用いて表すと、「**可能**p」を「**（必然**（p**でない）**）**でない**」により定義するということになる。[3]

標準義務論理学では、義務論的必然性演算子を「**義務**」で表し、義務論的可能性演算子を「**許容**」で表す。そしてさらに、様相論理学Kに、「義務は矛盾を含まない」ということを要請するDと呼ばれる公理が付け加えられる。この公理Dは、「**義務**p**ならば**（**義務**（p**でない**））**でない**」と表現できるものである。「p」で表されたことが義務であり「p**でない**」で表されたことも義務であるなら、義務が内部矛盾を起こしてしまうだろう。公理Dは、このような内部矛盾が現れないとしているのである。また、「pが禁止されている」は「pでないが義務である」と規定することにより、禁止が定義により導入できる。

標準義務論理学は、規範性に関するいくつかの基本的関係性を表現している。例えば、この体系では次のことが成り立っている。

（2a）禁止されているとは、そのことをやらないことが義務だということである。

（2b）許容されているとは、そのことが禁止されていないということである。

（２ｃ）義務であることはどれも、許容されてもいる。

これらはどれも規範の適切な把握と評価できるものであり、後に、規範体系論理学を提案するときにも内容的に配慮されるものでもある。

ところで義務を必然性と類似した様相として捉えるというのは、どういうことだろうか？　それは、道徳的に正しいことが成立しているどんな可能世界でも義務は成り立っていると解釈することに相当する。同様に解釈すると、道徳的に正しいことが成立しているどんな可能世界でも禁止されていることは成り立っていないことになる。そして許容されたことはというと、道徳的に正しいことが成立しているどこかの可能世界で成り立っているようなものということになる。

義務論理学の問題点の確認

標準義務論理学については、多くのパズルが知られている。しかし、それについてここで詳しく論じて君の忍耐をためすことは、有意義なことではないだろう。パズルに興味のある方は、拙論「規範体系の分析」やそこで扱われている文献などを参照していただきたい（中山 2010a）。

標準義務論理学の最も根本的問題は、義務を様相概念で捉えることが適切なのかということにある。例えば、事実認定と義務や禁止の関わりあいは、法的推論などで問題になる根本的なものだ。しかし、義務を様相として捉えると、事実認定はこの現実世界だけに関する問題なので、これを義務と結びつることが困難になる。

その後、義務論理学のパズルを解くためにさまざまな提案がなされてきたが、十分に満足できる体系はいまだないと言っていいだろう。本書で私が試みるのは、様相論理学のアプローチを捨てることと、明示的に前提を表現することである。私が提案する規範体系論理学（Logic for Normative Systems, LNS）はある意味で、論理学というよりも、「規範理論を表現するための形式的枠組み」と言ったほうがいいかもしれない。

ところで山田友幸は、命令（command）という言語行為を、それまで許容されていたものを義務へと変換する演算子として表現するというアプローチを提案している。山田はこの考えを、動的義務論理学（dynamic deontic logic）という枠組みを用いて形式化している（Yamada 2008）。しかし、標準義務論理学で現れる問題は、この動的義務論理学でも同様に現れるものである。

3　規範体系論理学の提案

「やらなくちゃ」、「やっちゃだめ」、「やってもいいよ」

陳述文というのは、「AはBである」などというように何かを記述するために用いられる文である。これに対し、規範文というのは、「Aしてもよい」という許可を表わす文や「Aしてはいけない」という禁止を表わす文や「Aしなければならない」という義務を表わす文のことである。規範文の場合、このAのところには、行為を表す語句が入ることになる。

道徳は、典型的な規範体系である。というのも、道徳の文は、「人を殺してはいけない」、「隣人を助けなければならない」などの禁止や義務を表す規範文から成り立っているからである。そして、先の文に現われた「人」や「隣人」という言葉の意味は、陳述文の体系で規定されていると考えられるので、道徳は規範文のみならず、日常言語の意味を規定する陳述文の体系を前提にしている、と考えるべきである。

規範体系における推論

「～しなければならない」から「～である」を推論できないということは、よく言われる。つまり、「規範から事実を推論することはできない」と言われる。そして、これは確かに正しいことである。しかしそれでは、規範と事実は全く関係しないのだろうか？　この問いに答えるためには、規範体系に関する推論というものがどのようなものなのかを明らかにしなければならないだろう。規範体系の精確な記述は、付録1で与えることにする。ここでは、妥当な規範体系の中で特に便利な推論図式を提案したい。

（3ａ）［規範体系の定義］TとOは文集合とする。Tを命題体系（propositional system）と呼び、Oを義務空間（obligation space）と呼ぶ。また、TとOの対〈T、O〉を規範体系と呼ぶ。

（3b）［命題文脈の規定］文pがTから帰結するとき、「pは規範体系〈T、O〉の命題文脈（propositional context）に属する」と言うことにする。

（3c）［義務文脈の規定］文pがTだけからは帰結しないが、TとOを合わせたものからは帰結し、しかもTとOを合わせたものが無矛盾なとき、「pは規範体系〈T、O〉の義務文脈（obligation context）に属する」と言うことにし、これを「**義務である**〈T、O〉p」と表す。

（3d）［禁止文脈の規定］文（p**でない**）が規範体系〈T、O〉の義務文脈に属するとき、「pは〈T、O〉の禁止文脈（prohibition context）に属する」と言うことにし、これを「**禁止されている**〈T、O〉p」と表す。

（3e）［許容文脈の規定］文pがTの命題文脈には属さず、さらにTとOとpを合わせたものが無矛盾なときには、「pは規範体系〈T、O〉の許容文脈（permission context）に属する」と言うことにし、これを「**許されている**〈T、O〉p」と表す。

（3f）［（規範的）権限の規定］（集団Gの**すべての**メンバーが行為主体である）が規範体系〈T、O〉の命題文脈に属し、（Gの**すべての**メンバーが行為1を遂行する）が〈T、O〉の許容文脈に属し、（G以外の**すべての**メンバーは行為1を遂行しない）が〈T、O〉の義務文脈に属するとき、「Gは〈T、O〉のもとで行為1を遂行する（規範的）権限（(normative) power）を持つ」と言うことにする。

表4－3　規範体系論理学の推論図式

(4a)　**義務である**$_{\langle T, O\rangle}$ p
――――――――――――
許されている$_{\langle T, O\rangle}$ p

(4b)　**義務である**$_{\langle T, O\rangle}$ (p **ならば** q)
T から p が帰結する
――――――――――――
義務である$_{\langle T, O\rangle}$ q

(4c)　**義務である**$_{\langle T, O\rangle}$ (p **ならば** q)
義務である$_{\langle T, O\rangle}$ p
――――――――――――
義務である$_{\langle T, O\rangle}$ q

(4d)　**許されている**$_{\langle T, O\rangle}$ (p **ならば** q)
T から p が帰結する
――――――――――――
許されている$_{\langle T, O\rangle}$ q

(4e)　**禁止されている**$_{\langle T, O\rangle}$ (p **かつ** q)
T から p が帰結する
――――――――――――
禁止されている$_{\langle T, O\rangle}$ q

(4f)　**禁止されている**$_{\langle T, O\rangle}$ (p **かつ** q)
義務である$_{\langle T, O\rangle}$ p
――――――――――――
禁止されている$_{\langle T, O\rangle}$ q

(4g)　**義務である**$_{\langle T, O\rangle}$
すべての $x_1,\ldots,x_n$ について $P(x_1,\ldots,x_n)$ **ならば** $Q(x_1,\ldots,x_n)$
T から $P(a_1,\ldots,a_n)$ が帰結する
――――――――――――
義務である$_{\langle T, O\rangle}$ $Q(a_1,\ldots,a_n)$

(4h)　**許されている**$_{\langle T, O\rangle}$
すべての $x_1,\ldots,x_n$ について $P(x_1,\ldots,x_n)$ **ならば** $Q(x_1,\ldots,x_n)$
T から $P(a_1,\ldots,a_n)$ が帰結する
――――――――――――
許されている$_{\langle T, O\rangle}$ $Q(a_1,\ldots,a_n)$

(4i)　**禁止されている**$_{\langle T, O\rangle}$
$P(x_1,\ldots,x_n)$ **かつ** $Q(x_1,\ldots,x_n)$ を充たす $x_1,\ldots,x_n$ が**存在する**
T から $P(a_1,\ldots,a_n)$ が帰結する
――――――――――――
禁止されている$_{\langle T, O\rangle}$ $Q(a_1,\ldots,a_n)$

表4－4　規範体系論理学を用いた推論の例1

日常言語での推論の表現：

　行為主体は誰も隣人を助けなければならない　［義務の表現］
　中山は行為主体であり、かつ、太郎は中山の隣人である　［事実の表現］
　――――――――――――――――――――――――
　中山は太郎を助けなければならない　［結論］

規範体系論理学を用いた推論の表現：

　義務である $_{\langle T, O\rangle}$
　　すべての x_1, x_2 について（x_1 は行為主体 **かつ** 隣人*(x_2, x_1)）
　　　ならば 助ける(x_1, x_2)
　「中山は行為主体 **かつ** 隣人*(太郎，中山)」がTから帰結
　――――――――――――――――――――――――
　義務である $_{\langle T, O\rangle}$ 助ける(中山，太郎)

本書では、（3a）に現れているように、義務化されている行為タイプ[4]の集合を「義務空間」と呼び、規範記述の出発点とする。規範体系のいくつかの規定は、本章第1節で紹介した標準義務論理学の規定を表現しなおしたものになっている。ここで重要になるのは、私たちが真と思っていることの陳述文が命題体系Tに入り、私たちが承認している義務文が義務空間Oに入るということである。したがって、Tには理論的文も事実に関する経験的文も入ることができる。

ここで、この規範体系論理学で成り立つ代表的な妥当な推論図式を紹介しておこう（表4－3。これら推論図式の妥当性については、付録1を参照のこと）。これらの推論図式は、いろいろな規範的推論を実行するのに用いることができる。少し、例を用いて考えてみよう。

まず、「隣人を助けなければならない」という義務と「太郎は私（＝中山）の隣人である」と「私（＝中山）は行為主体である」から「私（＝中山）は太郎を助けなければならない」という義務が帰結することを示すことにしよう。この推論は、（4g）の図

表4－5　規範体系論理学を用いた推論の例2

日常言語での推論の表現：

誰かを殺す行為主体は存在してはならない　［禁止の表現］
太郎は人間である　［事実の表現］
―――
太郎を殺す行為主体は存在してはならない　［結論］

規範体系論理学を用いた推論の表現：

禁止されている $_{\langle T, O\rangle}$
((x$_1$ は行為主体 **かつ** x$_2$ は人間) **かつ** x$_1$ は x$_2$ を殺す)
を充たす x$_1$ と x$_2$ が**存在する**
「太郎は人間」が T から帰結
―――
禁止されている $_{\langle T, O\rangle}$
(x$_1$ は行為主体 **かつ** x$_1$ は太郎を殺す) を充たす x$_1$ が**存在する**

表4－6　よいサマリア人の例

日常言語での推論の表現：

困った人がいたなら、行為主体はその人を助けなければいけない
［ジョンの義務感の表現］
ジョンは行為主体　［ジョンの信念］
強盗に襲われた人は困っている　［ジョンの信念］
スミスは強盗に襲われた　［ジョンの信念］
スミスは困っている　［ジョンの信念］
―――
ジョンはスミスを助けなければいけない　［結論］

規範体系論理学を用いた推論の表現：

義務である $_{\langle T, O\rangle}$
すべての x$_1$, x$_2$ について 行為主体(x$_1$) **かつ** 困っている(x$_2$) **ならば** 助ける(x$_1$, x$_2$)
「行為主体(ジョン)」が T から帰結
「**すべての** x$_1$ について 強盗に襲われた(x$_1$) **ならば** 困っている(x$_1$)」が T から帰結
「強盗に襲われた(スミス)」が T から帰結
「困っている(スミス)」が T から帰結
―――
義務である $_{\langle T, O\rangle}$ 助ける(ジョン，スミス)

式を用いて表4－4（83頁）に示されているように容易に示すことができる。ただし、「隣人＊(x_1, x_2)」は、「x_1はx_2の隣人である」の省略形とする。また、「助ける(x_1, x_2)」は、「x_1がx_2を助ける」の省略形とする。

次に、「誰も殺してはならない」という禁止と「太郎は人間である」という命題から「太郎を殺してはならない」という禁止が帰結することは、（4・i）と類似の図式を用いて、表4－5に示されているように、容易に示すことができる。

また規範体系論理学は、「よいサマリア人のパラドックス」と言われている問題にも適用できる。ここでは、パラドックスの内容にはこだわらず、比較的複雑な規範的推論のひとつとしてこの例を扱うことにする。まず、「ジョンは、強盗に襲われたスミスを助けなければいけない」という文を、「スミスは強盗に襲われた、そして、ジョンはスミスを助けなければいけない」というように解釈する。さらにジョンは、「困った人がいたなら、自分はその人を助けなければいけない」というような義務感を抱いていたとする。これらに加え、「強盗に襲われた人は困っている」とジョンが考えていたなら、（4g）の具体的適用例となる表4－6の推論を用いると、「ジョンはスミスを助けなければいけない」という期待通りの帰結が得られる。

条件的規範と時間的発展

（4）の諸推論図式に見られるように、規範体系論理学は条件的規範を表現できる。また規範体系

表４－７　規範体系論理学を用いた推論の例３

日常言語での推論の表現：

太郎の息子が大学生であれば、太郎が自分の息子を経済的に支援することが太郎にとって義務である　［義務の表現］
太郎の息子が大学生になった　［事実の表現］

――――――――――

太郎が自分の息子を経済的に支援することが太郎にとって義務である［結論］

規範体系論理学を用いた推論の表現：

義務である $_{\langle T2, O\rangle}$ 大学生* **ならば** 支援*
「大学生*」が T_2 から帰結

――――――――――

義務である $_{\langle T2, O\rangle}$ 支援*

論理学は、明示性という特徴を持っている。つまりこの論理体系においては、単に規範が表現されるのではなく、規範体系〈T、O〉という文脈における規範が表現されている。このため規範体系論理学は、時間的発展を表現できるという特徴を持っている。

例として、「太郎の息子が大学生になれば、太郎は自分の息子を経済的に支援することが義務である」ということが太郎にとって成り立っているとしよう。そして、今年度から太郎の息子が大学生になったとしよう。また、高校が終わるまでは、太郎の妻が太郎の息子を経済的に援助していたとしよう。これらの状況は、次のように表せる。ただし、「大学生＊」は「太郎の息子は大学生である」の省略形とし、「支援＊」は「太郎は自分の息子を経済的に支援する」の省略形とする。このとき話の前提から、T_1から「大学生＊」は帰結しないが、T_1に新情報を加えることにより拡張したT_2には「大学生＊」が含まれているということがわかる。また、「**義務である**〈T_1、O〉（大学生＊ **ならば** 支援＊）」が成り立つが、この義務は規範体系〈T_2、O〉でもなお成立している。このとき、太郎の息子が大学生になった後で成り立つ推論は、表４－７のように表現できる。つまり、時間発展の後に、太郎の息子が大学生になったので、その息子を太郎が経済的に支援する義務が生じるようになったのである。(5)

4　規範体系についての考察
そんなことはやっちゃだめだと、みんなわかってるよ

規範は、誰に適用されるものなのか？　普遍的規範もあれば、局所的規範もある。例えば、アメリカのネバダ州の法律でネバダ州内部でだけ適用可能な条例という局所的規範もあるだろう。また日本人が中国の法律に触れて中国で逮捕された場合、どの国の法的規範が適用されるべきかという問題が生じる。このような適用範囲に関する条件付けは、規範体系論理学では、「**義務である**〈T、O〉**すべての** $x_1,\ldots,x_n$ について（$P(x_1,\ldots,x_n)$ **ならば** $Q(x_1,\ldots,x_n)$）」という文の「$P(x_1,\ldots,x_n)$」のところで表現することができる。

規範体系の集団での共有

ここでは、〈集団Gについての規範体系〉（これを「G－規範体系」と呼ぶ）というものを定義したい。というのも、規範体系はどこでも実践されていないなら、空虚なものだからである。私たちが関心を持つのは、規範体系がどのように現実味を帯びるのかという問題である。そこで、特定の集団の

中で規範体系が認められているという状態を特徴づけたいと思う。

（5）［〈G－規範体系〉の定義］G－規範体系とは、次の二条件を充たすような規範体系である。

（a）その規範体系が集団Gで承認されているということが、Gの共有信念になっている。

（b）集団Gのすべての構成員は、その規範体系の適用が問題になる状況では、その規範体系を構成する義務文脈や許容文脈から行為タイプを選択し実行に移すことを試み、禁止文脈に含まれる行為タイプに関しては、それが実行されないように努める。

例えば、集団Gがあるイスラム教の信者集団だとしよう。すると、集団Gの中では、イスラム教とイスラム教が課す規範すべてが有効性を持っていると皆が信じるとともに、それが皆によって信じられているということも信じられているだろう。さらに、集団Gの構成員たちは、イスラム教が定める規範に従って行動するだろう。だから、このイスラム教が課す規範体系は、G－規範体系だと言える。また、法律も規範を課すと解釈できる。だから日本の法律の一部は、日本－規範体系として解釈できることになる。法律の条文は、厳密には、行為を禁止する代わりに、その行為を遂行した場合の罰を規定している。だから、厳密には、法律そのものは、直接に一般行為者に適用されるものではなく、法律の実行に携わる司法関係者への規範体系となっている。しかし、法が定められた社会組織に生きる人々は、法体系を規範体系に翻訳して理解している。実際、法は何が犯罪であるかを帰結し、人々

が、犯罪的行為をなすことを禁止文脈に属すると解釈することにより、ひとつの社会組織全体への規範体系が帰結する。(6)

規範体系の矛盾と改訂

信念に矛盾が含まれていることがわかれば、この矛盾を解消できるよう信念体系を調整しようとするだろう。規範体系においても、これと同様のことが起こる。例えば、条件付きの義務などを考えて見よう。「明日、天気がよければ、午後四時にお訪ねします」と太郎は今日A氏に言い、「明日、自分のところに書類が届けば、午後四時にそちらの事務所に出向きます」と太郎はB氏に言ったとしよう。この時点では、太郎には二つの条件的義務が生じるが、この時点では、太郎の規範体系には矛盾はない。しかし、次の日になってみると、問題の書類が届いており、そして、晴天でもあったとしよう。するとこの時点で、太郎の規範体系は矛盾していることになる。つまり、この二つの義務のうち、一方を充たせば、他方を充たすことは不可能になる。このようなときには、一方の義務を優先し他方の義務を無視して、片方の約束を取り消すことにより、太郎はこの状況を調整しなければならなくなる。

また、私たちはしばしばやらなければならないことなのに、怠けてしまってついやらないことがある。このようなとき、規範体系は不整合になる。義務文脈にpが含まれていたのに、命題体系に(p**でない**)が加わると、規範体系は不整合になる(つまり、矛盾する)。そして、この不整合は何らかの形で修復されねばならない。この修復の方法には、次の五つが考えられる。

（6ａ）〔命題の削除〕過去にうまくいかなかったことは仕方がないとして、過去の命題を命題体系から削除する。このようなことをしても、規範は未来の行為に課されるので、規範体系としては問題がない。

（6ｂ）〔規範の削除〕ある規範を削除することにより、これまで発生してきた不整合を解消し、これから起こりうる不整合の発生に備えることもできる。

（6ｃ）〔規範の制約〕ある規範の適用範囲を条件づけることにより、これまで発生してきた不整合を解消し、これから起こりうる不整合の発生に備えることもできる。

（6ｄ）〔集団の収縮〕規範に違反してきたものを集団から除名することにより、新しい集団に関してこれから不整合が発生しないようにすることができる。

（6ｅ）〔罰則の設定〕義務事項が順守されないことに対してや禁止事項の違反に対して罰則を設け、これを厳しく適用する。

規範体系Ｎに生じる不整合は、Ｎが課せられた集団に属するある行為主体が、規範に従って行動すべきなのにそうしないことから生じてくるものである。この不整合の解消における命題削除の措置（6ａ）は、寛容な措置であり、違反を見て見ないことにするやり方である。

第四章の前半部では、規範や道徳に関するこれまでのアプローチが描かれているね。H（ヘア）は、道徳は誰にでも当てはまる命令みたいなものだと考えていると思うよ。だから道徳を表現する文は、事実を表現する文と違った種類のものとなるのさ。また論理学では、義務論理学というのがあるけど、いろいろ問題をかかえているようだね。

N（中山康雄）は、規範体系論理学というのを提案しているね。この体系は、「である」という陳述文の集まりに、「やらなくちゃ」という義務文の集まりを加えて考える体系なんだね。何が現実に成り立っていて、何がやらなくちゃいけないことかがわかってはじめて、何が許されているかがわかると、Nは考えるんだ。数学では、で、あ、る、調の文しか現れないけど、この規範体系論理学ではや、ら、な、く、ち、ゃ、調の文も加えて考えられるようになっているんだ。

この枠組みのいいところを二つあげておくよ。ひとつ目は、世界が発展して新しい事実が現れてくると、いままでやらなくてもよかったことが、やらなくちゃいけないことになってくるということがうまく表せるってことなのさ。二つ目のいいところはというと、違う組織にいくとまったく違うことをやらなくちゃいけないことになることもあるってことも、ちゃんと表せることなんだ。だからこの規範体系論理学は、結構、実用的で便利だと思うよ。

第五章　ゲーム体系とは何か

子供は早い時期から、〈いないいないばあ〉や〈おままごと〉や〈鬼ごっこ〉などのゲームをし始める。このことから推測できるように、ゲームの理解と実践は人間の思考形式や行動決定の基盤にあるように思われる。この章では、第Ⅲ部の議論の基盤として、ゲームというものを精確に捉え、ゲームが持つ諸性質をいろいろな角度から明らかにしていきたい。

1　ゲーム体系の基礎理論

ゲームはおもしろくてやみつきになる

ゲームがルールの中に禁止事項や義務事項を含んでいることからわかるように、ゲームは特定の規範体系を前提にしている。しかしゲームではこの特徴に加えて、ゲームの進行に従い状態が変化し、この状態変化が行為選択に影響を与えるという特徴も持っている。第四章における規範体系の記述では「義務空間」という概念が中心的役割を担っていたが、ゲーム体系の記述では「行為空間」という概念が核となる。ただし「行為空間」というのは、それぞれの状態で許されている行為タイプを集めたもののことである。

ゲーム体系とは何か

ゲームは、規範体系を前提として形成される行動連鎖の一種であり、そこでは勝負が関係する場合が多い。しかし規範体系一般では、勝ち負けの存在は前提にされない。また規範体系は、始めと終わりを必ずしも必要としない。例えば、儒教が課すような道徳的規範体系は、ある集団の中で終わりなく成立し続けても、何の不都合もない。これに対し、通常のゲームはどこかで始まり、どこかで終わる。そうでなければ、人生全体がゲームになってしまうだろう。(1) 野球をしたり、トランプ遊びをしたりするのは、せいぜい数時間で十分なのである。

以上のことから、ゲームには、初期状態と終了条件が必要なことがわかる。またゲームにおいては、状態があり、プレイヤーの行為選択とその実行により状態変化が引き起こされ、場合によっては、この行為遂行により、とるべき行為タイプの選択肢の集合である行為空間が変化する。そしてこのような変化に、ゲームのダイナミズムがあり、そこにゲームの面白さがあると言ってよいだろう。

（１ａ）［ゲーム体系］ゲーム体系は、初期状態とゲーム進行中の状態とゲームの終了条件が明確に規定できるような体系である。また、ゲーム中の一手の直後に形成される状態は、プレイヤーがゲーム体系に従って遂行する行為に依存して定まる。そして、許容されている行為タイプを表す行為空間は、ゲーム進行とともに変わることがある。

（１ｂ）［〈Ｇ－ゲーム体系〉の定義］あるゲーム体系が〈Ｇ－ゲーム体系〉であるとは、そのゲーム体系が集団Ｇで承認されているということが、Ｇの共有信念になっているということである。[2]

また、集団Ｇのすべての構成員は、ゲームに参加している間は、そのゲーム体系を構成する行為空間から行為タイプを選択し実行に移すことを試み、禁止文脈に含まれる行為タイプに関しては、それが実行されないように努める。

ゲーム体系の分類の仕方にはいろいろあるだろうが、本章第２節と第３節では主に、一人ゲームと二人ゲームを中心に分析したい。

ゲーム活動の神経科学的基盤

以下では、脳科学者の坂上雅道らに従って、意思決定に関する脳活動の仮説を紹介したい（坂上・山本 2009）。そして、この仮説とゲーム体系との関係について考えてみたい。坂上らは、次の二つのタイプの意思決定過程を区別している。

（2a）［顕在的意思決定］これは、意思決定過程が意識されている場合であり、大脳の前頭前野の活動を基盤としている。

（2b）［潜在的意思決定］これは、意思決定過程が潜在的な（意識されていない）場合であり、大脳基底核の活動を基盤としている。

この仮説によれば、私たちの意思決定は、必ずしも常に顕在的（意識的）情報処理によって担われているわけではなく、潜在的（無意識的）な過程の役割も多いことになる（坂上・山本 2009: p. 33; Shimojo *et al.* 2003; Johanson *et al.* 2005; Kim *et al.* 2007）。しかし、顕在的処理の結果のほうが最終的な行動に強く反映される場合もある。だから顕在的処理が、潜在的処理が出した結論の後付け的合理化を必ずしも常に行っているわけではない（坂上・山本 2009, p. 34; Yamamoto *et al.* 2007）。

意思決定に関する有力な仮説として、ドウらによるものがある。彼らによれば、脳における行動決定にはモデルフリーシステムとモデルベースシステムの二つの制御システムがある（坂上・山本 2009, p. 34; Daw *et al.* 2005）。

（3a）［モデルフリーシステム］この制御システムは、確率的に安定な予測を可能にする。[3] またこの制御は、中脳ドーパミンニューロンとその投射先である大脳基底核によって構成される神経回路によって実現されている。

（3 b）［モデルベースシステム］この制御システムは、生体の行動に関する内部モデルを用いる。またこの制御は、前頭前野を中心とする大脳皮質内の回路が重要な役割をはたしており、顕在的（意識的）な意思決定とも密接な関係がある。

坂上らによれば、ヒトの意思決定の特徴は、目の前の小さな報酬に対する行動を抑制して、将来のより大きな報酬を得るための行動を選択できることにある。内部モデルは、これを可能にするものである。内部モデルは、連合の連合とそれを階層的に組織化した脳内情報のネットワークによって形成されているものと推測される。このような内部モデルは複数用意されており、自己に関するモデル、特定の他人に関するモデル、社会に関するモデル、といったように状況・文脈に応じて使い分けられる（坂上・山本 2009: p. 35）。

私のここでの提案は、「内部モデルのうちの多くのものは、ゲーム体系として解釈できる」ということにある。私たちは日々の生活において、目的に到達するために何をしたらよいかを、世界の部分モデルを用いて判断する場合がある。これは、合理的意思決定に属する判断である。しかし私たちはまた、ある集団の中で広く受け入れられている規範に制約された形で意思決定をする場合もある。このようなときには、内部モデル自身も規範的性格を帯びていると言っていいだろう。本書で私が注目するのは、後者の規範的判断である。ただし、この規範的判断は合理的判断と組み合わせることもできるものである。

発達とゲーム

発達心理学者ジャン・ピアジェ（J. Piaget, 1896–1980）は、遊びを三段階に分け、発達において、これらの段階が順を追って生起しているとしている（Saracho and Spodek 2003; Piaget 1962）。

（4a）［感覚―運動遊び］身体的な遊びの繰り返しが、この遊びの特徴である。〈いないないばあ〉などがこのタイプの遊びの例となる。

（4b）［象徴遊び］これは、生後十八カ月～七歳ころまでに主に見られる遊びである。この遊びでは例えば、木の箱は、車やトラックに見たてられる。

（4c）［ルールのある遊び］これは、六歳ころから見られるようになる遊びである。チェッカー、チェス、トランプなどのゲームが、この遊びの例となる。

つまり、乳幼児は早い時期から、遊びを通して他の人々と関わったり、遊びの文脈の中にモノを位置づけたりすることを始める。そして子供はやがて、ゲーム体系を共有できるようになり、本格的なゲームを他の人々とともに楽しむことを始める。

また、犬や類人猿などの高等動物も、ゲーム体系の読み込みを行う能力を持っていると考えられる。私たちは、犬に芸をさせたりするが、これも犬と主人の間のゲームとして解釈できる。そして、ニホンザルなどにおける他の個体に対する毛づくろい（グルーミング grooming）のサービスも、ゲームとして解釈できるだろう。というのも、このニホンザルにおける社会的グルーミングには、一定の規則のもとになされていると解釈可能なものもあるからである。(4)

このように考えると、初歩的なゲーム体系の学習においては、言語能力は必ずしも要求されないことがわかる。(5) そして、このことはヒトにもあてはまる。ピアジェの言う感覚—運動遊びの段階では、言語能力は前提されていない。つまり、ヒトは言葉を学ぶ前に、ゲーム体系を与えられた状況の中に読み込むことに関する基本的能力を発達させていると考えられる。だから、遊びをする能力は、言語習得のための重要な前提となっていると言ってもいいだろう。ヴィトゲンシュタインが描いたように、私たちの言語使用も、「言語ゲーム」というゲームとして考えることができる側面を持っている。

2　一人ゲームの分析
クロスワードパズル

ゲーム体系の構造を明確にするために、まずこの節では、一人ゲームという単純なシステムを記述することにしよう。一人ゲームの典型的なものには、クロスワードパズルやトランプ占いなどがある。

この節では、一人に適用されるゲーム体系がどのようなものかを規定したい。

一人に適用されるゲーム体系

典型的一人ゲームの体系は、状態と行為空間と行為選択を規定することにより定義できる。ゲーム開始時での状態は初期状態であり、ゲーム終了時での状態は終了状態ということになる。

（5a）〔初期状態〕初期状態は、ゲームの出発点における状態のことである。

（5b）〔行為空間算出関数〕行為空間算出関数は、与えられた状態でプレイヤーの行為空間（プレイヤーが次に許されている行為タイプの集合）を算出する関数である。行為空間はしばしば、前提にされている規範体系により規定され、この規範体系はルールブックなどに記載される。

（5c）〔行為選択〕与えられた状態に対応する行為空間からひとつの行為タイプを選択し、これを実行することにより、行為選択は実行される。

（5d）〔状態算出関数〕状態算出関数は、先行状態とプレイヤーの先行行為から規定される状態を算出する関数である。基本的に、先行状態を始点にとり、それに先行行為を適用することにより次の状態が得られる。

（5e）〔終了条件〕ゲームが終了する条件を規定する。場合によっては、ゲーム終了時にゲームの勝ち負けが定まる。

表５－１
三方陣の初期状態

3	2	1	
			一
			二
			三

表５－２
三方陣の表記

3	2	1	
a	b	c	一
d	e	f	二
g	h	i	三

表５－３
三方陣の解の一例

3	2	1	
8	1	6	一
3	5	7	二
4	9	2	三

典型的ゲームは始めと終わりを持つため、初期状態と終了条件が必要になる。このようにゲームは、（５ａ）から出発して、（５ｂ）、（５ｃ）、（５ｄ）という手続きの連鎖を繰り返し、（５ｅ）の条件が充たされた時点で終了するという過程をたどる行為空間内での行為連鎖として解釈できる。

魔方陣の分析

一人ゲームの典型例としては、魔方陣がある。魔方陣というのは、数字を縦横に同数だけ並べ、その縦・横・斜めのいずれの行の和も同じ数になるようにしたものである。縦横に並べる数字の個数により、三方陣、四方陣、八方陣などの魔方陣が区別される。ここでは、三方陣のケースを分析してみよう。三方陣は、縦三行と横三列からなる九つのマスに１から9までの数字を書き入れていくゲームであり、各数字は一度だけ用いることが許されている。この三方陣に（５）の諸規定を適用すると、次のような描写が得られる。

表5－4
三方陣の一解答例における各過程の描写

一手目	〈2, 二, 5〉
二手目	〈3, 一, 8〉
三手目	〈1, 三, 2〉
四手目	〈3, 三, 4〉
五手目	〈1, 一, 6〉
六手目	〈2, 一, 1〉
七手目	〈3, 二, 3〉
八手目	〈1, 二, 7〉
九手目	〈2, 三, 9〉

（6a）［初期状態］初期状態は、数字がまだひとつも書き込まれていない状態により表わされる（表5－1）。

（6b）［行為空間算出関数f］fは、先行状態の構成要素の空欄のひとつにまだ先行状態に表れていない数を書き込むすべての行為タイプの集合を値として算出する。

（6c）［行為選択］与えられた状態に対応する行為空間に含まれる行為タイプのひとつを実行する。つまり、空欄のひとつにまだ使われていない数字を書き込む。

（6d）［状態算出関数g］gの値は、先行状態に先行行為を実行することで得られる。つまり、先行状態の空欄のひとつにまだ使われていない数字が書き込まれることにより生ずる状態が、gの値となる。

（6e）［終了条件］状態を表す表が数字ですべて埋められた時点で、ゲームは終了する。

（6f）［ゲームの勝敗］状態が表5－2で表されるとき、ゲーム終了時において勝利条件「a+b+c=d+e+f=g+h+i=a+d+g=b+e+h=c+f+i=a+e+i=c+e+g」が充たされている場合、かつ、そのときに限り、プレイヤーの勝ちとなる。また、表5－3は勝ちの状態のひとつを表している。

三方陣では、解におけるそれぞれの行の和は十五になることが知られている。表5-4では、解へといたる具体的ステップの一例が描かれている。初期状態の直後にはあらゆる行為が選択可能だが、それ以降はまだ数字が入れられていないマスへまだ使われていない数を入れるような選択肢しか行為空間の中に残されないことになり、手が進むほど行為空間はせまくなり、九手目では許された手は一手のみに限定されてしまう。

クロスワードパズルなども、魔方陣と同様に、一人ゲームの規定（5）を用いて分析できる。

3　二人ゲームの分析およびゲームの多様性
将棋や百メートル競走

二人ゲームの典型的なものには、将棋や碁やチェスなどがある。二人ゲームは、前節で説明した一人ゲームの組み合わせとして表現できる。言い換えると、ゲーム体系の形式的表現の根本的部分は、一人ゲーム体系にすでに現れていると考えられる。

二人に適用されるゲーム体系

本章第2節で示されたように、一人ゲーム体系は、状態と行為空間と行為選択を規定することにより定義できる。二人ゲームでも、この基本構造は変わらない。例えば、二人ゲームの状態算出関数と行為空間算出関数の計算方法は、一人ゲームの場合と比べて基本的な相違はない。多くの二人ゲームでは、例えば将棋型のゲームでは、一方のプレイヤーが行為を遂行しているときには、他のプレイヤーは相手の行為遂行が終了し、状態が改訂されるのを待ってから、自分の行為を選択することになる。このように、二人ゲームでは、手番に関する規則も考慮しなければならない。

（7a）［初期状態］ゲームが始まるときの状態を規定する。

（7b）［行為空間算出関数f］ fは与えられた状態からプレイヤーの行為空間を算出する関数である。将棋型の二人ゲームでは、どの時点でもたかだか一人のみが、ゲーム内的行為を遂行していることになる。つまり、将棋型の二人ゲームでは、手番が相手にあるときには、自分の行為空間は空になる。

（7c）［行為選択］行為空間からひとつの行為タイプを選択し、これを実行することにより、行為選択は実行される。

（7d）［状態算出関数g］ gは先行状態とプレイヤーの先行行為から規定される状態を算出する関数である。基本的に、先行状態を始点にとり、それに先行行為を適用することにより次の状態が得られる。

（7e）［終了条件］ゲームが終了する条件を規定する。

九マス遊びの分析

単純なゲームを例に、二人ゲームがどのようなものであるかを見ておこう。この目的のために、九マス遊びを例として用いることにする。九マス遊びでは、三列三行からなる九マスが与えられており、二人のプレイヤーが交互に、自分の記号（○か×のいずれか）を、まだ占有されていないマスに書き込む。そして、縦、横、斜めのいずれかの仕方で、三つの自分の記号を並べることができたものが、勝ちとなり、勝負が決まった時点で勝負は終了する。これを、ゲーム体系の形で記述すると次のようになる。

（８ａ）〔初期状態〕　初期状態は空の九マスから成る。つまり、九マスとも何も書き入れられていない。

（８ｂ）〔行為空間算出関数〕　行為空間は、自分が手番のときには、まだ占有されていないマスの集合である。相手が手番のときには、行為空間は空である。

（８ｃ）〔行為選択〕　占有されていないマスのひとつを選択し、これに自分の記号を書き入れることにより、行為選択は実行される。

（８ｄ）〔状態算出関数〕　先行状態の九マスに、先行行為によって書き入れられた記号を書き足したものが新状態となる。

表5－5　九マス遊びの例

初期状態

	3	2	1
一			
二			
三			

一手目	〈2, 二, ○〉
二手目	〈2, 一, ×〉
三手目	〈1, 一, ○〉
四手目	〈3, 三, ×〉
五手目	〈1, 三, ○〉
六手目	〈3, 一, ×〉
七手目	〈1, 二, ○〉

終了状態

	3	2	1
一	×	×	○
二		○	○
三	×		○

（8e）［終了条件］ゲームは、縦または横または斜めの列が同一の記号と対応付けられたとき終了し、このときの記号を書き込んだ参加者が勝ちとなる。

　ここで、表5－5のように進行した九マス遊びについて考えてみよう。九マス遊びでは、手が進むにつれて、状態の内容は豊かになっていくが、逆に行為空間は限定されてくる。そして、終了条件が充たされる状態まで進行したとき、ゲームは終了し、勝ち負けが定まる。九マス遊びは、ゲーム理論の記述によれば、ゼロ和ゲームであり、情報完備ゲームのひとつである[6]（岡田 2008: p. 14f）。九マス遊びのそのつどの状態は、ゲーム体系をもとにプレイヤーにより解釈される。そしてこの解釈において、二人のプレイヤーは基本的に一致する。

　将棋などのゲームは、九マス遊びに比べてずっと複雑なゲームだが、ゲーム体系としての特徴は九マス遊びと代わらない。違うのは、状態の複雑さと行為空間を得るための計算の煩雑さだけである。ここでは示すことにしないが、君もおそらくすでに予想したように、将棋のみ

でなく、チェスや碁などの将棋タイプの二人ゲームはどれも、ゲーム体系により表現できる。(7)

ゲームの多様性

ゲームには、一人ゲームや二人ゲームの他にもいろいろな形態のものがある。例えば、野球やサッカーなどのチームゲームもあるが、これについては後続の節で論じる。ここでは、第六章第3節でテーマとなる競争タイプのゲームについて考えてみよう。

競争タイプのゲームには、単純なものが多い。例として、n人により実行される百メートル競走について考えてみよう。

（9a）〔初期状態〕初期状態では、ゲームに参加するn人が整列して並列に並んでいる。スタートの合図とともに、レースは始まる。

（9b）〔行為空間算出関数〕行為空間は、決められたコースをゴールに向かって走り続けるという唯一の行為タイプから成っている。したがって、行為空間算出関数は、状態が初期状態とも終了状態とも異なる状態に関しては、この走るという行為タイプを常に値として持つことになる。

（9c）〔行為選択〕行為の選択肢は、走ることしかないので、レースの間中、走るという行為タイプが選択される。

（9d）〔状態算出関数〕百メートル競走というゲームにおける状態は、それまで走った距離により表わされる。それは、ゼロメートルから百メートルまでの間のxメートルとなる。（9e）［終了条件］各プレイヤーにとって、xメートルという状態が百となったとき、ゲームは終了する。ゴールは通常、誰にでもわかるように明示されている。そのため、プレイヤーも聴衆者も競技関係者もこの終了条件の充足を瞬時に確認できる。

この競争ゲームは、多くの社会活動に読み込むことが可能なゲームである。本書第Ⅲ部の議論で、君もそのことを確認できるだろう。

4　野球の分析
三番サード長嶋、三振、ワンアウト

野球のようなゲームは、将棋のような構造を持つゲームに比べると現実世界との関わりが強い。野球が将棋と異なる点のひとつは、グラウンドという現実世界の一部がゲームの進行に影響を与えることである。このような現実との関わりもあり、野球タイプのゲームは、社会の縮図という側面も持っている。

野球は、チームスポーツである。チームでは、守備の役割が決まっており、プレイヤーたちはそれぞれ異なる自分の課題をはたすことによりチームに貢献しようとする。また野球は、二つのチームに

より戦われるが、九人のプレイヤーだけでなく、監督や控え選手もチームに属している。そして、野球には、一人の球審と三人の塁審と二人の線審からなる六人の審判がいる。このように、チーム同士の対戦であるという点、審判という中立的役割をはたす人たちがゲームの遂行にたずさわるという点なども、将棋などと異なる野球の特徴である。

野球では、ボークなどの反則があり、これに対する罰則もある。この点も、将棋とは異なる。将棋における反則は、即座にゲームの負けを意味している。ただし、反則行為というのは、禁止文脈に含まれる行為のひとつをプレイヤーが実行する行為のこととする。

いずれにしろ、野球というゲームは、私たちの社会活動を分析しようとするときに参考になる諸側面を持っている。ヴィトゲンシュタインが原初的言語ゲームの記述を通して言語ゲームの全体像を明らかにしようとしたように、この節では、野球という基本的チームゲームの記述を通して、社会の中でなされる集団活動の全体像の理解を深める助けとしたい。

野球というゲームの構造

これまでの節で議論したゲーム体系の枠組みは、野球のような複雑なゲームに対しても用いることができる。実際、野球のようなチーム同士のゲームに対しても、本章第3節の（7）で記述されている二人ゲームの規定を適用できる。ただし野球の場合、将棋の一手に相当する行為実行は、一チームの一回全体での攻撃という複合的行為になる。言い換えると、一回全体の攻撃は、それを構成する部分行為の連鎖から成り立っている。また野球の（進行）状態は、スコアボードで表わされる。プレイヤーたちや審判たちは、ゲームがどこまで進行しているかの詳細な情報を常に知っていなければならないが、スコアボードを見ることでこの情報は獲得できる。そして、観客たちもこのスコアボードを見て、現在の進行状況を確認している。また、プレイヤーたちの活動は、状態遷移を引き起こす効果を持っている。

例えばピッチャーが捕手に向かって投げるボールは、打者が打たない場合には、ストライク・カウントかボール・カウントかのどちらかをひとつ増やし、それによりスコアボードが変更される。この変化は直ちにスコアボードに反映され、テレビ中継ではよく画面の片隅に表示されている。

スコアボードに提示される状態の共有は、選手たちや監督にとって重要である。というのも彼らは、この進行状態の把握に従って次の戦略を考えたりするからである。

野球を典型的二人ゲームと比較すると、いくつかの明らかな違いもあることがわかる。まず、攻撃側が活動しているときにも、守備側は攻撃側の目的行動の成就を妨げる形で活動していることがあげられる。つまり守備側は、攻撃側の活動を終えさせるよう許された行為空間の範囲内で積極的に活動するのである。こうして、攻撃側と守備側双方の行為連鎖の結果として、スコアボードに記載されるような「ゲームの一手」が成立することになる。

野球の一ゲームは、多くの部分ゲームを入れ子状に含んでいると考えることができる。スリーアウトをとり相手チームのその回の攻撃を終えさせる部分ゲーム、ワンアウトをとるまでの部分ゲームなどである。

野球の場合のゲーム体系の規定は、だいたい次のように表現できよう。野球の規定についてのより詳しい記述は、付録2で与えられている。

(10a)〔枠組み〕野球は二つのチームで争われるが、チームは構造を持った集団である。ひとつのチームは九人のプレイヤーからなり、ピッチャー、キャチャーなどの守備の役割がそれぞれ決まっているとともに、攻撃の際の打順も決まっている。

(10b)〔初期状態〕状態は、スコアボードで表わされる。初期状態は、1回先攻、打順1番、ゼロアウト、という状態である。

(10c)〔Xチームの一員Yの行為空間〕Xチームに属する選手Yに対する行為空間は、Xが攻撃か守備か、Yがどのような役割にあるかにより異なる内容で規定される。例えば守備では、サード担当の選手は、守備のときにはサードの領域を守ることになる。

(10d)〔Xチームの一員Yの行為選択〕Xチームに属する選手Yは、その状況で設定された行為空間からひとつの行為タイプを選択し、これを実行することによって行為選択は実行される。ただし、行為の首尾よい実行のためには、そのためのスキルが要求される。

(10e)〔状態算出関数〕先行状態を先行行為の結果を取り入れて更新する。アウトはひとつずつ増えていき、三つになると、攻撃と守備が入れ替わる。

（10 f）［終了条件］九回表以降に一方のチームの得点合計が他のチームの得点合計よりも確実に多くなることが判明した時点で、ゲームは終了し、得点の多いチームが勝ちとなる。

野球に参加している各チームは、普通、ゲームに勝とうとする。しかし、このようなチームの目標はゲーム体系の外側に属する設定であり、チームは必ずしも勝つことを目的としなくてもよい。例えば、プロ野球のオープン戦などは、本試合のための準備の意味や、プレイヤーの調子を見るという意味を持っており、勝つことは必ずしも重要でなく、二次的意味しか持たない。ゲーム体系の規定は、あくまでもゲーム内部の状態と行為に関する規定であり、ゲームの外部はゲーム体系により言及されない。

審判に対する規範体系

野球では、プレイヤーに対してだけでなく、監督に対する規則や審判に対する規則なども ある。このように野球は、かなり複雑なゲームであり、ゲーム進行に関わる行動のいくつかが並行して進行している。ここでは、審判に対する規則を見ておこう。審判は、ゲームの進行そのものの直接の担い手ではなく、選手たちがなした行為がゲーム中のどの行為タイプに対応するかを判定する人物である。そのためここでは、規範体系により審判がなすべきことを記述するのが適切だろう。

（11ａ）［審判の義務］線審は、裁定規定に従って、バッターが打った打球に対してフェアかファールかの判定を行わなければならない。球審は、裁定規定に従って、ピッチャーが投げた投球に対して、ストライクかボールかの判定をするとともに、ホームでのセーフかアウトかの判定をしなければならない。そして各塁審は、裁定規定に従って、自分が担当する塁に向かってランナーが走ってきたときに、セーフかアウトかの判定を行わなければならない。これらの判定なしには、選手たちのプレイの評価が確定せず、次の状態が完全に定まらないので、ゲームが進展しない。

（11ｂ）［審判の行為選択］審判は、義務とされている行為があればこれを遂行することにより、行為選択は実行される。この義務的行為の遂行に関する行為空間があり、審判は自らの判断に従い適切と思われる判定を選択し、それを表明する。例えば、一塁塁審がアウトの判定を（ゲーム関係者たちが理解できるよう）大声で下す。

（11ｃ）［審判の判定結果の共同承認］審判の判定結果は、参加者すべてにより承認され、これに対する異議申し立ては禁止されている。

このように、野球のようなゲームは、将棋タイプの二人ゲームと比べると、ずっと複雑であることがわかる。特に、審判の登場は、将棋にはなかった新しい側面をゲームの中にもたらす。

野球などのゲームにおける審判制度は、現代の社会組織における司法制度と類似のものである。審判には特別の権限が与えられており、この権限に従い、審判は裁定規定に従って裁定を実行する。審判以外の人々が下す判断は、ゲームの進行に何の影響も及ぼさず、無視される。そのような判断は、ゲームの外部でなされ、ゲームには属していない。

ゲームを進めるためには、裁定が必要になる。現実が本当はどうであれ、例えばある行為がアウトなのかセーフなのかを（なるべく公平な仕方で）決定する必要があるのである。この事情は、司法制度でも同様である。

チームの構造化

野球などのチームにより戦われるゲームの特徴のひとつに、チームの構造化と役割分担がある。各時点での最強のチーム結成を目標にしてこのチーム構造を具体的に決定するのは、監督の役割となっている。また監督はこの決定において、若手選手育成などの長期的展望も視野に入れて、短期的戦略と長期的戦略を組み合わせながら、現時点における決定を具体的に下していく。野球において監督がなすこのような活動は、会社経営や組織運営などにも通じるところがある。例えば会社の社長は、長期的戦略をたてるとともに、状況にあった決断を迫られる。

守備戦力と攻撃戦力は、よく知られているように、次のような役割に分担される。ただし、野球の場合、守備陣と攻撃陣は同一の選手の集合から形成されねばならない。

［攻撃］　一番バッター、二番バッター、……、（代打）、打撃コーチ

［守備］ピッチャー、キャチャー、一塁手、……、（指名打者）、守備コーチ

監督により役割を決定された選手たちやコーチ陣は、自分たちに割り当てられた役割をはたすために最大限の努力を示そうとする。それというのも、選手たちの成績は監督により評価され、よい成績が示せない選手は控えの選手と交代され、最悪の場合解雇されてしまうこともあるからだ。つまり、監督はある種の人事権を持っていると言える。

野球においてこのような役割分担があるからといって、選手は単なる個人プレイをしてさえいればいいということではない。野球はそもそもチームが一体となって結束して戦うゲームであり、チームプレイとしてのさまざまな共同行為が実行される。(8) このようなチームプレイは、ゲーム体系の中で規定されているものではない。ゲームに勝つという目標をより効率よく実現するための戦略として、チームプレイが企画され、チームプレイを首尾よく実行できるようにするための練習が行われる。野球における共同行為には、攻撃におけるヒットエンドランや、守備におけるダブルプレイなどがある。また、盗塁をアウトにするためにも、捕手と野手の間での連携が必要になる。そして、「チームプレイ」と呼ばれるこのような共同行為は、社会組織の内部でも起こる問題でもある。

「1＋1は2より大きい」などとはよく言われるが、共同行為ではしばしば、各個人の単純な足し合わせからは生じないような成果を、共同で作業することによりもたらすことができる。私たちは、野球の連携プレイの中にこのような共同行為の典型的特性を確かめることができる。

ゲームにおいては、ゲームに参加している誰もがやるべきことをやらないと、適切な進展が見られず、ゲームは壊れてしまう。例えば、守備側の選手たちがまじめに守らないならば、誰もアウトにならず、攻撃は終わることがないだろう。これは、やる気のない社員が多い会社が倒産してしまうこととよく似ている。例えば、給料だけもらって何も働かない社員だけをかかえている会社は、存続できないだろう。野球は、参加している選手たちが自分たちにゆだねられた役割に真剣に取り組むことで成立できるのである。

ゲームにおける事実構成

本書第二章第1節ですでに見たように、サールは統制的規則と構成的規則とを区別している。サールによれば、構成的規則は、事実を構成できる規則であり、ゲームはそのような構成的規則を必ず含んでいる（Searle 1969）。それでは、構成的規則が事実を構成できるというのはどういうことなのか？　この問いを、『科学哲学入門』（2008）第八章第3節の議論に基づいて、説明しておこう。

まず、サールがゲームにおける事実構成をどのように説明しているかを見ておこう。サールによれば、サッカーの規則などは、構成的なものであり、この規則なしには、全く同じことをしても「サッカーをする」という文で表される事実は成立しなくなる。サッカーの例で言えば、「（サッカーにおいて、）選手が同チームの選手にボールを蹴って渡すことを、パスとみなす」という構成的規則のみなによる承認によって、パスをするという事実が成立することになる。

私は、このようなサールの分析は示唆的だと思っているが、まだゲーム体系による事実構成の根本を表現しきれていないと考えている。それではゲーム体系において、そのゲームに特有な事実はいかに構成されるのだろうか？

私の分析によれば、ゲーム体系が事実構成的であることは、次の二つの事実を基盤に成り立っている。

（12 a）ゲーム体系の使用による言語の拡張により、新たに多くのことが表現可能になる。

（12 b）自分が理解したゲーム体系に従って人々が実際に行動し、人々は相互にこの行動をそのゲーム体系を用いて解釈する。

再び、サッカーの例を用いて少し考えてみよう。サッカーのルールブックには、「パスとは、選手が同チームの選手にボールを蹴って渡すことである」というようなことが書いてある。この「パス」という語を、サッカーのゲームや練習での適切な場面で適用すれば、私たちは、「長友が本田にパスをした」というように、以前語れなかった事実をこの用語を用いて語れるようになる。

ところで、審判の判定もある種の構成的規則とみなすことができよう。例えば、ピッチャーが投げたボールがベースの上を通過したことを審判の判定によりストライクとみなすことができる。このように、野球やサッカーにおいては、審判の判定により事実が確定する。特に野球においては、審判の判定なしでは、ゲームは先に進まない。審判が判定を行うことにより、ストライクやボールやセーフやアウトが決定する。審判の判定は、この意味で野球における事実を決定する。(9)

審判が発する判定は、宣言というタイプの言語行為である（本書第二章第1節）。私の考えでは、宣言によって形成される事実は、特定の集団Gに対するG－社会的事実である。ゲームを実践する誰もが、この審判による判定を認めなければならない。これを誰もが認めることにより、ゲームの状態遷移が成立し、ゲームは先に進むことができるのである。

5　高校野球とプロ野球日本シリーズ優勝を目指して

草野球は、組織化・制度化されておらず、参加者たちの合意によりプレイすることができる。これに対し、現代日本社会における高校野球やプロ野球は制度化されたゲームとなっている。このような制度化されたゲームにおけるチームは、現実の社会組織としての一面も持つことになる。

高校野球に現れるゲームの入れ子構造

高校野球の全国大会は、現在、年に二回行われている。それらは、春の選抜高校野球大会と夏の全国高校野球選手権であり、いずれもトーナメント方式で戦われる。そして各チームは、優勝を目指して戦うことになる。このとき、各試合はそれぞれひとつのゲームだが、トーナメント全体もひとつのゲームとして捉えることができる。つまり、高校野球の全国大会では、ゲームが二重の入れ子形式になって行われているのである。だから、トーナメント内におけるある試合の敗北は、単にその試合の敗北だけではなく、トーナメント戦における敗北という二重の敗北を意味することになる。

ここでは、夏の全国高校野球選手権をひとつのゲーム体系として描いてみよう。

（13ａ）［枠組み］地方大会を勝ちあがった高校のチームが出場でき、トーナメント形式で戦われる。対戦相手は、抽選で定められる。

（13ｂ）［状態記述］トーナメントの状態は、まだ敗退していないチームの集合として表す。

（13ｃ）［初期状態］初期状態は、地方大会を勝ちあがった全チームの集合である。

（13ｄ）［チームの行為選択］各チームは、定められた試合で対戦相手に勝利するよう努める。

（13ｅ）［状態算出関数］先行状態から、敗退したチームを削除する。

（13ｆ）［終了条件］状態を表す集合に含まれる要素がひとつになったときに、トーナメント・ゲームは終了する。この最後まで敗退せずに残ったチームが、優勝チームである。

トーナメントから見ると、個々の試合は、このトーナメント・ゲームの部分ゲームということになる。言い換えると、トーナメント・ゲームは、そこに含まれる部分ゲームから構成される総体となる。

野球の試合に勝つ能力を得るためには、そのための練習を積まねばならない。つまり、高校野球のようなゲームにおいては、ゲームに勝利するという目標設定はゲームの外部をも規定する力を持っている。ゲームに勝つためには、よい監督が必要となり、練習に耐え抜く十分な数の部員が必要になり、そのような素質のある学生を入学させることも、とりうる戦略のひとつとなる。よい監督を雇用したり素質ある学生を集めたりすることは、ゲームの外部に属するが、ゲームに勝つための重要な要因になる。

高校野球では、ある特定の高校の野球クラブの部員からチームが形成される。多くの強力チームは、所属高校だけからではなく、後援組織からも経済的支援を受けている。つまり、このチームが実践する野球の試合は、ゲームの外部の活動により支えられているのである。

プロ野球

プロ野球と高校野球の主な違いは、プロ野球がまさにプロフェッショナルであり、野球をすることが職業となっていることにある。野球チームは、一種の社会組織となっており、プロ野球はオーナーの資金提供により成り立つ一種のビジネスなのである。ここに、プロ野球と会社組織などにおける諸現象との関連性がある。高校野球選手たちとは異なり、プロ野球選手たちは球団に契約をもとに雇用されている。

プロ野球には、勝つことに対する真剣さがある。というのも、選手にとって今期にいい成績を残せるかどうかは、来季になお選手に留まるための決定的要因となるからである。このことは、監督にとっても同様である。そのため、試合で勝つために、（ルールで許された範囲で）様々な手段がとられる。短期的には、代打、ピッチャーの交代、守備の交代などの手段が用いられる。そして長期的には、適切な練習方法の開発、トレード、解雇、二軍落ち、一軍への格上げ、新しい優秀な才能の獲得などが試みられる。このような状況は、営業活動の成績により給与の額が定まる社員などと共通の面を持っている。選手たちは、自分のスキルを磨きあげようとし、試行錯誤する。これは、オフシーズンや私生活の過ごし方というゲームの外部の私生活にまでも影響を与える。

各プロ野球チームは、（少なくともシーズン当初は、）リーグ優勝を目指している。各試合は、このリーグ内での順番を決めるための部分ゲームとなっている。ここでも、高校野球の場合のように、ゲームの入れ子が生じている。

リーグ戦には、リーグ戦に関する規則がある。例えば、六チームがリーグ戦に属するなら、どのチーム間の対戦数も同じにならなければ公平性が保てないだろう。そしてリーグ内で決められた全試合が終了した時点で最も高い勝率をおさめたチームがそのリーグの優勝を勝ちとることになる。

社会の縮図としての野球

この節で高校野球やプロ野球について述べた多くのことは、実は、野球独自の特性ではなく、トーナメント戦やリーグ戦やプロフェッショナルなゲームの特性である。例えばこのような特性の多くは、プロ将棋のタイトル戦などにも現れるものである。

現実世界でも、ゲームの入れ子として解釈可能な現象は頻繁に現れる。例えば、ある会社の年間の販売実績は、その会社の月ごとの販売実績を積み重ねたものである。その会社の販売実績向上を、その時々の世界の経済的状況における他の会社との競合というゲームとして解釈すれば、その会社の社長の役割は、チームを勝利に導こうとする野球チームの監督の営みと似たものとなってくる。

会社組織でなくとも、目標がはっきりした社会組織に関しては、ゲームやゲームにおける勝利の解釈が容易になる。例えば、大学なども他大学との競争というゲームにおいて活動するものとして解釈できる。一方、現実世界では、ゲームの読み込みが多重的になりうる。例えば、大学間の競争において、何を目標として設定するかについては、いくつかの可能性が現れる。所属メンバーの研究業績の向上なのか、経済的基盤の確立なのか、知名度の向上なのか、いろいろな目標設定が考えられる。そして、そのような解釈の適切性は、その解釈モデルを用いた振る舞いの説明に関する有効性などによりテストする必要があるだろう。

野球などのゲームにおいては、行為の結果は一意的な形で判定され、スコアボードに記載される。一方、社会の中の通常の活動の効果は、野球の結果のように明らかなものではない。また、社会的活動に関する解釈は普通多義的であり、野球のプレイの解釈のように一義的なものではない。しかしむしろ、野球のようなゲームの持つ明示性や透明性により、そのようなゲームは社会的活動の解りやすいモデルとして機能すると言えるだろう。

ゲームのひとつの特徴は、子どもが（そして、大人でさえも）やみつきになるということがあるね。ゲームに勝とうとしているときの子供の集中力はすごいね。だけど、ゲームって何だい。ゲームではだいたいはじめと終わりがあって、どんな状況で誰が何をやってもいいかが決まっているよね。Ｎ（中山康雄）は、こんなことをゲームの特徴として考えているようだ。

僕も小さいときは、五目並べとかトランプのポーカーとかやったもんだ。こんなのは、典型的なゲームだね。ところで君も、草野球なんかやったかい。僕はやったよ、へたくそだったけど。フライなんかも落としちゃったり、肩が弱くてボールが一塁まで届かなかったり、いま考えてみるとさんざんだったな。だけど野球みたいなチームゲームは、現実社会とよく似ているんだな。監督なんかは、会社の社長かな。守備にいろいろな役割があるというのも、会社の中にあるいろいろな部署と似ているね。

Ⅲ　社会生活における規範とゲーム

第Ⅱ部では、規範体系やゲーム体系が何であるかを示した。この第Ⅲ部では、第Ⅱ部で導入されたこれらの枠組みを基盤にして、社会生活について考える。これらの体系の適用範囲は、言語行為論、社会学の基礎概念の解明、法と社会の関わりの記述、経済活動の記述と、多岐にわたっている。簡単に言うと、個人の思考や決断や行為がいかに社会と関わるのかを明らかにするのが、この第Ⅲ部での課題となる。

第六章　社会生活を支える規範とゲーム

イスラム教は、よく知られているように、豚肉を食べることを禁じている。だから、信仰のあつい信者たちは、たとえ飢えに苦しめられていても豚肉を食べようとしない(1)。ここでは、イスラム教の教典であるコーランに含まれた規範的要請が絶対的な形でイスラム教徒の行為を制約づけている。このとき、このような規範的制約は神からの要請として信者たちに受けとめられている。この例が示すように、文化と規範は強く結び付いている。そこで本章では、規範とゲームが私たちの社会生活の根源にまで浸透していることを描写したい。具体的にはここでは、私たちの文化活動、言語活動、科学研究活動を扱いたい。

1　文化の基盤としての規範とゲーム

「アーメン」、「アラーの神」、「南無阿弥陀仏」

規範とゲームは、文化や社会と深い関わりを持つ。規範は集団の中で規定され、個人に対して要請され、行動基準のひとつとなる。このようにして規範は、個人と集団を結びつける。またゲームは、儀礼や祭りや伝統的遊びなどの形式で文化に現れる。葬式などの儀式も、ゲーム体系を用いて解釈できる。儀式は、一般に、初期状態と状態遷移のための操作と終了状態から成り立つものとして表現できるので、それはまた、ゲーム体系としても表現できることになる。

文化と規範

「食事をしているときに遊んではいけません！」。そのように親にしかられた経験を持つ人も多いのではないだろうか。子供たちはよく親や学校の先生にしかられる。そのようにして子供たちは、おかれた状況のもとで、何をしてもよく（許容）、何をすべきなのか（義務）を学習していく。このとき親たちは、許容や禁止の言明を発することにより、子供たちにとっての規範的行為空間を設定しようとしているのと言ってもよいだろう。規範的行為空間に属するすべての行為タイプは、実行することが許されている行為タイプということになる。

この考察からわかるように、規範は文化依存性の高いものである。実際、文化が異なるところでは別の規範が通用していることは、私たちがよく経験することだ。例えば、イランのようなイスラム文化が浸透しているところでは、してもいいことが日本とはかなり異なっている。イスラム社会は、飲酒の禁止や食事に関する制約などの日常生活における厳しい規律が支配している社会として広く知られている。言い換えると、日本の標準的規範的行為空間に属している行為タイプで、イスラム社会の規範的行為空間からは排除されているものが相当数ある。

子供たちはある社会の中に育ち、自らの行為をその社会で通用している規範的行為空間内部で選択するようになっていく。このとき子供たちには、選択の余地はない。何らかの規範体系を受け入れた後にはじめて、他の規範体系と自らが受け入れた規範体系を比較する能力が人に生まれる。最初の規範体系の習得は、いわば母国語の習得のようなものであり、それは規範的行為そのものの基盤を提供する。

だから、順応的でない子供たちにとっては、その社会は非常に生きにくいものとなっていくだろう。反抗や拒絶は、それを支える根拠があってはじめて意味を持つ。意味のない反抗は、まわりの人たちに単に敵対心を抱かせるにすぎないだろう。

社会学諸理論における規範とゲームの位置付け

規範体系と社会組織は、深く関わっている。例えば法体系は、一種の制度化された規範体系と言ってもよいものだ。ここでは簡単に、社会学諸理論において規範がどのように扱われていたかを紹介しておこう。ところで、これらの問題について本格的に論じるためには、私の知識はあまりにも貧弱である。私のここでの意図は、規範や役割の問題が社会学の根幹をなすと見なした社会学の流派があったということを単に示唆することにある。

アメリカ社会学では、ゲームや規範と社会との関係については、ときどき議論されている。ゲームについては、ジョージ・ハーバート・ミード（G. H. Mead, 1863–1931）やアーヴィング・ゴフマン（E. Goffman, 1922–1982）が議論している。また規範については、ミード、タルコット・パーソンズ（T. Parsons, 1902–1979）、ロバート・マートン（R. K. Merton, 1910–2003）らが議論している。

ミードは、ごっこ遊び（play）とゲーム（game）を区別し、この区別を自我の発達と結びつけている。ごっこ遊びは、大人たちが社会の中ではたしている役割を子供たちがまねることで成り立つ。そこで、お母さんごっこや警察官ごっこなどが好んで遊ばれる。これに対し、野球のようなゲームでは、明確な規則があり、チームの中での役割分担は組織化しており、自分勝手に変えることはできない。ミードの特徴は、このような関係性を、自己と他者の相互関係の枠組みで捉えることにあった。[2]

ゴフマンは、人々のふるまいを演技をモデルとして説明することを、『行為と演技』（1959）で提案した。劇場での演技は、観衆の前で演じられる。社会の中で設定されたある状況の中で、人はその状況に合わせた演技者となって観衆である人々の前に現れるというのである。状況が変われば、提供される演技も変わることになる（Goffman 1959; 草柳 2008）。

規範概念を自らの理論の中核に置いた社会学者のひとりとして、パーソンズがいる。彼は、社会システムと個人をつなげる媒介として、規範概念を用いようとした。規範は、個人の意思決定の基盤になるものである。しかしそれだけでなく、規範により人々が相互承認的に自らの行為を制御することにより、社会的秩序が維持される（Parsons 1937; Habermas 1981: chap. 7)。

アメリカの社会学者マートンは、彼の主著『社会理論と社会構造』（1949）の第四章「社会構造とアノミー」において、制度的規範の問題について批判的に論じている（Merton 1949)。マートンはパーソンズの弟子のひとりでもあるが、社会学の理論は中規模なものであるべきだと主張してパーソンズの方法論を批判的に修正しようとした社会学者としても知られている。実はマートンが特に関心を持っていたのは、規範に反するような逸脱的行為の問題である。制度的規範というのはもちろん、法律などで規定された禁止事項や義務事項を意味している。そこではさまざまな行動型式が禁止されたり、制限されたりしている。問題は、これら制度的規範が文化的目標を達成するための手段の選択を制限することにある（邦訳 p.123)。実際マートンは、当時のアメリカ社会にこの制度的規範による行動型式の不当な制約という問題を見ている。いずれにしろマートンが、制度的規範を社会的文化的構造の主要な一要素と見ていることは確かだ。

このように、規範もゲームも、社会学の理論構築において中心的位置を占めていた。しかし、私の力不足もあり、本書における以下の考察においては、この社会学の論争には深入りせず、私の視点からの考察を続けていきたい。

2　言語行為と規範
「これからは絶対、浮気はしません。約束します」

本書第二章第1節ですでに見たように、サールの分析によれば、自己拘束型の発語内行為は義務の引き受けを本質的規則として含んでいる（Searle 1969）。この言語行為と義務との関係を明らかにするのが本節のひとつの目的である。また本節では、言語ゲームとゲーム体系との関係も明らかにしたい。このような議論により、第Ⅰ部で述べたような従来のアプローチが第Ⅱ部での枠組みを用いてどのように捉えなおすことができるかをここでは示したい。

事実の三分類と規範

私は、事実を三種類に分類することを提案してきた（中山 2004, 2008, 2009a）。それら三種の事実というのは、物理的事実、内省的事実、社会的事実である。物理的事実が世界の状態により完全に規定されるのに対し、内省的事実は、主体が自らの心的状態についての信念を形成することにより成立する。そして社会的事実の方は、ある集団での共有信念が形成されることで成立する。

一人ゲームの体系は、内省的事実を生みだす能力をゲーム主体に前提し、二人以上のゲームやチームゲームは社会的事実の創出を前提とする。だから、この事実の三分類を明らかにしておく必要があるのである。またどのような規範体系も、それが有効であるためには、ある集団により承認されることが必要になってくる。つまり、規範体系やゲーム体系は、極めて集団的な特性を持っている。内省的事実と社会的事実がどのように規定されるかを『現代唯名論の構築』第5章での記述から抜粋することでスケッチしておこう。ただしここでは紙面の関係で、「自覚」や「共有信念」という用語を説明なしで用いることにする。

（1a）［〈心的状態の自覚〉の定義］時点tにおいて行為主体Sが心的状態Xを自己帰属させているとき、「時点tにおいてSは自分が心的状態Xの状態にあることを自覚している」と言うことにする。

（1b）［〈S‐内省的事実の成立〉の定義］「Sは心的状態Xの状態にある」という文により表現されるS‐内省的事実が時点tにおいて成立しているのは、自分が心的状態Xの状態にあることを時点tにおいてSが自覚しているとき、かつ、そのときに限る。

（1c）［G‐社会的基礎事実の定義］Xの成立がG‐社会的基礎事実であるのは、Xの成立が集団Gの共有信念に依存するとき、かつ、そのときに限る。

（1d）［G‐社会的事実の定義］Xの成立がG‐社会的事実であるのは、Xの成立が何らかのG‐社会的基礎事実を前提にしているとき、かつ、そのときに限る。

ここで、S－内省的事実とG－社会的事実がどのようなものかを、（1）の諸規定に基づいて簡単に説明しておきたい。S－内省的事実というのは、（1b）によれば主体Sの自覚を基盤にして成立するような事実ということである。具体的には、S－内省的事実は（Sにより自覚された）S自身の心的状態の成立を指している。そして、G－社会的事実というのは、（1c＋d）によれば、その成立が集団Gの共有信念に依存するような事実のことである。例えば、「菅直人は二〇一一年四月における日本の首相である」という文により表現される事実は、日本－社会的事実ということになる。

ところで社会的事実には、判決や判定などという宣言に関する重要な特性がある。つまり、宣言によって生成される事実は、物理的事実ではなく、社会的事実であるということがある（中山 2004, 2008, 2009a）。例えば、「アウト」という野球の審判の判定や「これによりこの法案は可決されました」という議長の宣言が事実となるのは、そこにいあわせた当事者集団に共有信念を形成させることによってである。審判や議長は、その集団において宣言を遂行するという特別の権限を付与された人たちであり、この権限の集団的承認がこの集団に宣言されたことに関する共有信念を形成させ、この集団における社会的事実の成立を可能にすることになる。

自己拘束型の発語内行為の分析

拙著『共同性の現代哲学』で私がまだ捉えきれていなかった問題に、言語行為と規範の関係がある（中山 2004: 第四章）。約束では、義務が発生し、この義務のために行為の自己拘束性が発生する。私がこのことを当時捉えきれなかった原因のひとつとしては、私が当時まだ規範を十分に分析できていなかったということがある。そこでここでは、本書第Ⅱ部での規範体系の導入により、私が提案した言語行為論の解釈を補足・修正しておきたい。

本書第二章第1節で論じたように、サールは、約束においては義務の引き受けが本質的だと考えて、話者Sによる聞き手Hに対するAすることの約束を次のように分析した。

（2a）〔命題内容規則〕Sによる将来の行為A。

（2b）〔事前規則〕1　SはAする能力を持ち、Sはこのことを信じている。

2　SとHの両者にとって、通常の事態の進行においてSがAすることが自明でない。

（2c）〔誠実性規則〕SがAすることを意図している。

（2d）〔本質規則〕Aを行う義務を負うこととみなされる。

これに対し、『共同性の現代哲学』での私の分析は、SがAすることを意図していることについてのSとHの相互的信念の形成として約束を捉えることにあった。つまり私は、相互理解が形成されれば十分であり、義務を引き受けることについては、考察の外に置いた（中山 2004: 第4章第2節）。「約束は守らなければならない」という文は、私のいまの考えでは、一種の道徳的義務を表現して

表6－1　規範体系論理学を用いた約束に関する推論の表示

規範体系論理学を用いた推論の表現：

義務である $_{\langle T, O\rangle}$

すべての x_1, x_2 について x_1 が x_2 に A することを約束した **ならば** x_1 は A する

「S は H に A することを約束した」が T から帰結する

義務である $_{\langle T, O\rangle}$ S は A する

この推論の日常言語での表現：

約束主体は約束したことを守らなければならない	[義務の表現]
S は H に A することを約束した	[事実の表現]
S は A しなければならない	[結論]

いる。言い換えると、約束を守ることは義務の遵守の一種である。だから、約束を破ることは、義務に反することとなる。また、義務を引き受けることが、自己義務を形成させ、行為の自己拘束を発生させる。

ところで、「SがHにAすることを約束したなら、SはAしなければならない」という推論が成立すると私たちの多くは考えるだろう。この推論は、「約束したことは守らなければならない」ということから帰結する。言い換えると、「**義務である**〈T，O〉約束したことは守る」ということを、私たちが一般に承認しているからこそ、この推論は成り立つのである。そしてこのことは、第四章（4g）の推論図式を適用することにより得られる結果である。

表6－1のように、約束に関する推論も規範体系論理学により厳密な形で表わすことができる。サールは、『言語行為』や『行為と合理性』で（Searle 1969, 2001）、個々の言語行為を一般的規範よりもより根源的だとする立場を主張している。しかし、私はこの考えには賛成できない。言語行為は、集団の中で前提にされた一連の規範や知識を基盤にして人々が遂行するものである。サールのような

見解はむしろ、諸規範を統一的に分析することを困難にするだろう。

契約とは何か

約束の分析が社会分析にとって重要になるのは、契約も一種の約束として解釈できるからである。契約は、個人間、法人間、国家間などで結ばれ、それぞれの契約の担い手の行動に制約を加える極めて社会性の高い現象である。

それでは、契約とは何であろうか？　契約は、法規定により定められた一種の相互的約束である。契約の締結においては、契約当事者それぞれに義務が課せられ、両者はそれぞれにこの義務を引き受けることに関して合意に達する。契約には、義務が遵守されないことに関するリスクがともなう。この種のリスクを回避するためには、契約当事者間に相互的信頼が成り立たねばならない。

日本の民法は、十三種類の契約を規定している。それらは、贈与、売買、交換、消費貸借、使用貸借、賃貸借、雇用、請負、委任、寄託、組合、終身定期金、和解である。このように契約は、そこに記された内容の相互承認により成立する法律行為である。契約が法律行為であるため、契約により発生する義務は、一種の法的な義務となる。つまり、その義務に反した場合には、法的に制裁される可能性が生まれることになる。

契約に関して、道徳的規範と法的規範はしばしば一致する。契約を守らなければならないことは、法的規範だけではなく、多くの場合は道徳的規範でもある。借りた金は返さなければならないということは、多くの社会組織において道徳的規範であるとともに法的規範でもある。道徳的規範は、それだけでは、人々の道徳心に訴えかけるだけで強制の手段を持たない。そこで、規範からの逸脱に対する法的制裁を法的規範として拡充することにより、元来の道徳的規範がより強固なものにされると言っていいだろう。

言語ゲームとゲーム体系

ゲーム体系の中に位置づけられた行為のひとつとして、言語を使用して行為を遂行する場合がある。連想ゲームやクイズなどは、この種のゲームである。ヴィトゲンシュタインが「言語ゲーム」と呼んだものも、一種のゲームとして解釈できる。というのも、そのような言語使用は、ゲームの状態を更新させる一手となるからである。

例えば、『哲学探究』第二節でヴィトゲンシュタインが描いた原初的言語ゲーム（本書第一章第1節を参照）は、ひとつの二人ゲームとして描くことができる。初期状態は、建築の再開時点での状態として定めることができ、終了状態は建築作業の一時的終結と規定できる。

建築家に与えられる行為空間は、「台石」、「柱石」、「石板」、「梁石」のいずれかの語を助手に向かって叫ぶという行為タイプと、建築作業を手元の材料を用いて続けるという行為タイプとから成り立つ集合として規定できる。建築作業の方は、建築家が一人で独立に続けられる作業という設定になっている。そして、助手の行為空間は、建築家が叫んだ石材のひとつを建築家のもとに持っていくという行為タイプから成立している。

建築家が、「台石」、「柱石」、「石板」、「梁石」のいずれかの語を助手に向かって叫ぶことは、行為空間からの行為選択に相当する。そしてこの行為選択の後には、ゲームの手番は建築家から助手の方へと移ることになる。助手の行為選択は、自分の手番のときに、建築家が叫んだ石材のひとつを建築家のもとに持っていくということしかない。つまり彼には、複数の行為選択肢は与えられていない。そして、助手が適切な石材を建築家に手渡したとき、手番が助手から建築家の方へと移ることになる。このようにこのゲームは、建築家が作業を続けながらときどき必要な石材名を呼び、助手が呼ばれたタイプの石材を建築家のところに運ぶことにより進行していく。

この種の石材運搬ゲームは建築物の完成というより大きなゲームの部分ゲームとなっていると解釈できる。そしてこのゲームには、個人同士での勝ち負けはなく、建築の首尾よい完成という建築家と助手の共同の勝利と、建築の失敗という共同の敗北がある。成功は両者の勝利を意味し、失敗は両者の敗北を意味するので、両者の間に目的の共有が発生し、意味ある共同作業が成り立つとも言える。

3　科学活動とゲーム体系

一番じゃだめなんです、一番にならなくちゃ

私たちは、社会活動のいたるところにゲーム構造を読み込むことができる。例えば、科学活動や技

術開発は社会活動の一部なので、ここでもゲーム構造を読み込むことができる。この節では、第五章第3節で論じた競争タイプのゲーム体系を用いて、科学活動や技術開発の実情を描いてみたい。そうすることにより、ゲーム体系の記述枠組みとしての有効性を示したい。

科学技術論に必要なもの——アクター・ネットワーク理論の試み

近年の科学技術論における議論で明らかになってきたことは、科学技術の展開を適切に描くためには複数の要因を考慮しなければならないということである。その複数の要因と言うのは、研究チーム、専門家集団、実験装置、資金や支援などである。このような複数の要因を考慮して科学論を展開する試みに、アクター・ネットワーク理論を使用したブルーノ・ラトゥール（B. Latour, 1947–　）らの試みがある。

ラトゥールらは、科学研究や技術開発を記述するにあたって、人間と自然あるいは主体と客体という二項対立を基盤にした形而上学を克服しなければならないと主張し、アクター・ネットワーク理論の適用を推奨した（Latour 1999; 中山 2008: 第六章第3節；中山 2010b: pp. 130–135）。

ここで言う「アクター」は、そのパフォーマンスによって定義されるものであり、制度の一部となっているものとされる。この規定により、人間のみでなく、非人間もアクターになることが可能になる。こうしてアクター・ネットワーク理論では、人間や社会組織だけでなく、器械や研究対象の物質、技術や人工物、科学法則、論文などの非人間もアクターとしてネットワークの中に登場するようになる（中山 2010b: p. 133)。アクター概念のこのような拡張によりこの理論には、言語と世界という関係だけでなく、人工物や社会組織も現象記述のために用いることができるという利点が生まれることになる。だから、アクター・ネットワーク理論は、確かに科学技術に関わる現象の全貌を描くために十分豊かな要素を含んだ枠組みだと言えるだろう。

またアクター・ネットワーク理論は、アクター間の相互作用を記述するために、「翻訳」、「銘刻」、「分節化」などの概念を用いる。それは、非人間のタイプの存在物が現実に作用するために必要となる概念だが、これら概念の適用がメタファーやアナロジーに基づいたあいまいなものであることに、アクター・ネットワーク理論の問題点がある（中山 2010b: p. 133f)。

競争というタイプのゲーム——フォーミュラ1

アクター・ネットワーク理論にとって代わる枠組みとして、私はゲーム体系の枠組みを提案したい。というのも、ゲーム体系を用いても、アクター・ネットワーク理論と同様に、人間や社会組織だけでなく、器械や研究対象の物質、技術や人工物、科学法則、論文なども、ゲームの中に登場するものとして描くことができるからである。しかも、これらの間の関係性とダイナミックスは、ゲーム体系を用いればより鮮明に描くことができるのである。

ゲームの中には、競争のようなゲームもある。ここで私たちにとって特に興味深いのは、フォーミュラ１（Formula One World Championship, Ｆ１）などの自動車レースのような競争である。このようなレースでは、初期状態と終了状態が定まっている。また、禁止事項の規定などにより、行為空間が制約される。個々の行為の実行は、ゲームの状態遷移を導き出さず、行為選択は終了条件が充たされるまで継続される。その終了条件というのは、定められたゴールに達することである。そこで、F１のゲーム体系は次のように規定できる。

（３ａ）［初期状態］複数のレースカーがサーキットのスタートラインに並んでいる。
（３ｂ）［行為遂行］コース上を決められた回数だけレースカーを走行させる。
（３ｃ）［終了条件］すべてのレーサーに関して、コース上を決められた回数走行し終わってゴールに達したとき、そのレーサーにとってのゲームは終了する。ゴールを通り過ぎた順番に従い、全参加レーサーの順位を決定する。

このF１レースでは、すでに様々な複雑な関連性が成立していることを、明らかにしておこう。まず、レーサーは、レースカーという人工物を必要とし、このレースカーを巧妙に操縦することでレースというゲームに始めて参加できるということがある。ここでは、主体の拡張というものを考えることができる。つまり、レーサーだけではなく、〈レーサー＋レースカー〉という融合体をこのゲームに参加している行為主体として考えることができる。(3) またF１レースは、チームゲームでもある。そこではドライバーは一人だが、彼を支えるチームがあり、給油やタイヤ交換を必要に応じて行う。

これらのチームの支援なしでは、レーサーはレースを最後まで続けることはできないだろう。そしてレースカーは、メイカーから提供され、それぞれのメイカーにはレースカーの性能を高めるための開発チームがあり、そのメイカーから必要な資金提供がなされる。このようなメイカーからの援助がなければ、現在、F1に参加することは、そのレベルの高さゆえ、実質上不可能である。

これまでの記述で、レースカーという人工物、サーキットという環境、チームという集団やメイカーという社会組織、メイカーからの経済的支援などが現れていることに、注意してもらいたい。つまりこのF1というゲームでは、科学技術開発で重要になるような要素がほとんどすべて関わっており、それがF1レースで優秀な順位を収めることと関わっているのである。

またゲームに勝つためには、しばしば勝つための戦略を考えることが有効となるが、F1レースの場合も同様である。F1レースで優秀な成績を収めるための要素として考えられるものに、次のものがある。

（4a）高性能のレースカーを用いること（そのためには、高性能のレースカーを開発せねばならない）。
（4b）優秀なドライバーを雇うこと。
（4c）優秀な支援チームを育てること。

このような戦略についての考察は、私たちにゲームの外部の存在を思い起こさせる。将棋に勝つために、練習を繰り返したり、事前に作戦を考えたりするように、ゲームにはゲームの進展に影響を与えるようなゲームの外部がある。このゲームの外部は、ゲームが実施されることを前提に形成される。F1レースでは、高性能のレースカーを開発する車の開発チームが組織される。そうしなければ、レースに勝てる見込みは薄くなる。また、コースの特性や当日の天候という環境要因もゲームの進行を左右する重要な要素となる。

ゲーム体系の科学技術論への適用

いま考察したようなF1の構造は、自然科学の諸研究活動に似ているところがある。君もよく知っているように、多くの科学研究でも、世界で一番になることが目標とされている。科学研究に関する競争では、初期状態は明確でないが、終了状態ははっきりしている。例えば、国際学術雑誌での決定的研究成果を描いた研究論文を掲載することなどが、終了条件の例となる。ここでは、J・D・ワトソン（J. D. Watson, 1928–　）が『二重らせん』（1968）で詳しく描いているDNA（デオキシリボ核酸 Deoxyribonucleic acid）の二重らせん構造の発見を例に、自然科学における競争ゲームを考えてみよう。

『二重らせん』は、フランシス・クリック（F. H. C. Crick, 1916–2004）の協力を得てDNAの構造をいかに発見したかを、ワトソン自身が物語風に語った科学の現場の報告である。ワトソンは早熟な人物で、十五歳で大学に入学し、一九五〇年に二十二歳で博士の学位を動物学で得ている。この著書は、彼がイギリスのキャベンディッシュ研究所で過ごした一九五一年から五三年にかけての日常を、研究中心に描いたものである。

DNA構造の発見に重要だったのは、ライナス・ポーリング（L. C. Pauling, 1901–1994）がタンパク質の構造の一部を一九五一年に解明していたことと、ロンドンのキングス・カレッジで研究していたロザリンド・フランクリンとモーリス・ウィルキンスによるDNAのX線回折の写真のデータが存在しており、ワトソンらがこれを利用できたことがある。また、キャベンディッシュ研究所のローレンス・ブラッグ卿（Sir W. L. Bragg, 1890–1971）による二人の研究に対するさまざまな支援も研究成功の基盤となっている。

DNA構造の発見レースで一九五二年の段階でトップを競っていたのは、カリフォルニア工科大学のポーリングが率いるチームと、キャベンディッシュ研究所のワトソンとクリックの若手チームだった。ワトソン・チームの強みは、ウィルソンらが研究していたDNAのX線回折写真を利用できたことにある。ワトソンらが提案したDNAの二重らせん構造は、糖とリン酸から成る二本の骨格が外側でねじれあい平らな水素結合をした塩基が核を形成するというものだった（邦訳 p. 201）。そしてこのモデルは、当時すでに知られていたデータの多くを説明した。複数の関係者の間での検討の後、この提案は論文にまとめられ、一九五三年四月二日に一級の国際学術雑誌『ネイチャー』誌の編集部に送られた。そしてこの論文の『ネイチャー』誌への掲載により、この発見レースは終結をむかえたと考えることができる。ライバルのポーリングも四月四日にはキャベンディッシュ研究所を訪れて模型の点検を行い、早々と敗北を認め、ワトソンを祝福している。

私たちが驚くのは、この物語の登場人物の多くがノーベル賞受賞者で占められているという事実だ。ブラッグ卿は、父親と行ったX線による結晶解析研究が評価されて、一九一五年に父親とともにノーベル物理学賞を受賞している。またポーリングは、一九五四年に「化学結合の本性、ならびに複雑な分子の構造研究」によりノーベル化学賞を、一九六二年には地上核実験に対する反対運動の業績によりノーベル平和賞を受賞している。そして、ワトソンとクリックとウィルキンスの三人は、一九六二年にDNAの構造解明により、ノーベル生理医学賞を受賞している。また、キャベンディッシュ研究所でクリックを指導していたマックス・ペルツ（M. F. Perutz, 1914–2002）は、一九六二年に球状タンパク質の構造解析の功績によりノーベル化学賞を受賞している。

オリンピックでの勝者が表彰台に上りメダルを受けとるように、研究者としての勝者が選考され、彼らにノーベル賞のメダルが与えられる。人々が抱くオリンピックの勝者への尊敬の念は、ノーベル賞受賞者たちに対して人々が抱く感情と同種のものと言っていいだろう。

新しいゲームの設定

科学の最先端の研究において一番になったチームが決定すれば、同じ研究テーマで一番を目指していたチームは、目標設定を変更しなければならなくなる。というのも現代の自然科学領域での多くの研究においては、過去の研究を単純に繰り返すだけでは業績として評価されないケースが多いからである。

ある研究課題が解決されたときの目標設定の変更には、いろいろなものが考えられる。解決として受け入れられた仮説を複数の証拠のさらなる提示により確実にする課題を設定する道、その研究成果を踏まえ、そこから生まれる新たな複数の課題のひとつに取り組む道、まったく新しい領域での研究に従事する道、などである。

このような目標設定の変更の例として、iPS細胞研究について考えてみよう[(4)]。京都大学の山中伸弥教授らのグループは、分化万能性と自己複製能を持った細胞である人工多能性幹（induced pluripotent stem, iPS）細胞をマウスの線維芽細胞から作成することに成功し、これを二〇〇六年に発表した。

このiPS細胞作製の成功は、新しい研究課題を設定することになる。そのひとつが、マウスのiPS細胞作製の手法を応用して、ヒトのiPS細胞を作製することであった。山中らのグループは、ヒトiPS細胞樹立に成功し、二〇〇七年十一月に専門誌で公表している。またこれとは独立に、アメリカのジェームズ・トムソンらのグループが類似の方法でヒトiPS細胞樹立に成功し、同じく二〇〇七年十一月に専門誌で公表している。さらに同年十二月には、ハーバード幹細胞研究所のジョージ・デイリーらのグループによるヒトiPS細胞樹立の成功が報告されている。このように、複数のグループが新しく設定された課題に取り組み、激しい競争をしていたことがわかる。

この例に示されているように、ひとつの研究チームの成功は、しばしば、同じゴールを目指していた多数の研究チームにとって、新しいゲームの設定とその開始の合図となっている。また、この新しいゲームへの取り組みにおいては、公表されたばかりの最新の研究成果を基盤として用いることができる。そして、研究は続けられ、新しい目標が設定され続けていく。というのも、研究組織は新しい研究成果を生み出すことで自らの存在を正当化し、経済的援助を受け続けることが保証されるからである。このようにして、研究活動は、ほとんど途切れなく継続していく。

規範やゲームは、文化を支えているよ。どんな規範やゲームを受け入れるかで、文化の形は変わるんだね。日本では、音をたてて蕎麦を食べることがいいとされているのに、ヨーロッパでスパゲティを蕎麦みたいに音をたてて食べると、いやな顔をされるんだ。

何かを言ったことであることをやらなくちゃいけなくなったり、あることをやっちゃいけなくなったりすることって、あるよね。約束したときなんかが、そうなんだな。「これから絶対、浮気はしません」って恋人に（あるいは奥さんに）約束したら、浮気が禁止されたことになるよね。約束は、関連する人たちの間での信頼関係の問題だから、約束を破ったりするとこの信頼関係にヒビが入ることもあるよね。だけど約束の中には、それを守ることが法律で決まっていて、これに違反すると裁判に訴えられてしまうものもあるよね。それが、契約だよ。君も借金を返さないでおくと、訴えられてしまうかもしれないよ。相手が法律を持ちだすかもしれないからね。

ところで、科学研究も技術開発もゲームなんだよ。特に、最先端の科学研究は、世界の中で一番先に新しい研究成果をあげることがゴールとされるゲームなんだ。この目的のためには、頭のきれる人材や、すごい装置や、十分な資金提供などが必要になってくるね。貧乏だと、科学研究だってできなくなってくる。世の中やっぱり、甘くないのかな。

第七章　社会組織とゲーム体系

君は、学生だろうか、会社員だろうか、それとも主婦（あるいは主夫）だろうか？　いずれにしろ、きっと君は何らかの社会組織の一員であるに違いない。

規範は、諸集団の中で効力を持ち、人々の行動を制約する。人々は組織を形成して、組織の中に自分の行動を位置づけることも多い。特に、規範を定着させるために罰則を設けたりした場合には、その罰則を実行するための社会組織が必要になってくる。このように、規範体系やゲーム体系が集団の中で実際に機能するためには、それらを支える社会組織の存在が重要になってくるのである。この章では、社会組織が規範やゲームとどのように関係しているかについて考えてみたい。

1　社会組織概念の規定
大学の先生って暇でいいな

君もよく知っているように、国家も、学校も、社会も、社会組織である。それでは、社会組織とは何なのだろうか？　簡単に言うと、社会組織は野球のチームのようなもので、一体になって活動する人間集団を構成員として必要としている。ただし、社会組織が関わっているゲームは、野球ではなく、現実社会の中で他の競合する社会組織と競い合いながら存続し続けることを目指す生存競争のゲームである。そして、各社会組織の内部では、この生存競争の中で負けないために、たえず活動が続けられていく。変化していく外部環境によりよく適応するために、社会組織は、自らの内部構造を役割分担により形成し、この内部構造の調整を繰り返すことになる。この節では、社会組織の存続とゲーム体系がいかに関わっているかを明らかにしたい。

社会組織とは何なのか

私はこれまで何度か、「社会組織」という概念を規定しようと試みた。私の最新の見解は、『現代唯名論の構築』(2009) の第5章第3節「社会的事実と社会組織」で表明されている。ここではまず、その規定がどのようなものだったかをまとめておきたい。

社会組織というものについて考えるとき、私たちの注意は人間たちばかりに向きやすいが、多くの社会組織には人工物も含まれているということを、忘れてはならない。例として、大阪大学について考えてみよう。まず現在、大阪大学には豊中キャンパス、吹田キャンパス、箕面キャンパスという三つのキャンパスがあり、さらに大阪市の中之島にはイノベーションセンターというものがある。つまり、大阪大学には、教員や職員や学生という人間集団だけでなく、これらの土地や建物も含まれている。

このように、社会組織は、単なる集団ではなく、〈人間集団と土地や建物などの人工物との融合体〉ということになる。例えば、日本という国家にはもちろん、日本国民が属するが、日本の領土もその中に位置する山も川も建造物もすべて日本という国家の一部をなしている。

また社会組織は、四次元的対象として捉えるべきだと、私は考えている。というのも、大学や会社や国家などという社会組織は、その構成員が変わっても存続し続けるからである。この諸時点をまたいで存在する対象を扱うための有効な方法のひとつに、対象を四次元的に捉える方法がある。私は以前と同様にここでも、この四次元主義的方法をとろうと思う。

私は『現代唯名論の構築』で、四次元主義（four-dimensionalism）を前提にして、社会組織の概念を次のように規定することを提案した（p. 136f）。

（1 a）［四次元的個物としての社会組織］社会組織Oは、四次元的個物である。つまり、社会組織は時間的拡がりを持ち、内部構造も持つ存在物である。

(1b)［社会組織を構成するものとしての人間集団と人工物］社会組織の時間的切片は、一般に、合理的行為者たちから形成される人間集団Gと人工物の融合体Aからなる融合体〈G＋A〉である。ただし、人間集団のみから形成される社会組織もありうる。

(1c)［構成員の自覚］いかなる時間的切片においても、集団Gの構成員は誰も、自分が社会組織Oの構成員であることを自覚している。

(1d)［人工物の所属に関する構成員の知識］時点tにおける社会組織Oの時間的切片が〈G＋A〉のとき、Aのすべての部分xについて、xがOに属すると時点tで信じる少なくともひとりの構成員がG内に存在する。

(1e)［社会組織の存在に関する共有信念］いかなる時点においても、社会組織Oの存在は、その時点におけるOの構成員集団の共有信念になっている。

(1f)［社会組織の構造化とその維持］社会組織Oの存続が可能になるように、Oは構造化されている。つまり、Oの構造は、Oの存続の可能性が高まるように必要に応じて構造的変更をこうむる。

ここで示された規定は、理想的なものであり、実際にはこれらの条件が充たされなくても社会組織として認められているものもきっとあるに違いない。私のここでの意図はあくまで、社会組織を存在論的にどのように捉えられるかについてひとつの具体像を描いてみることにある。

社会組織の存在論

社会組織は、同一性を保ちながらどのように存続し続けることができるのだろうか？　単純な個体の存続の問題よりも、社会組織の存続の問題はさらに複雑なように思われる。というのも、時間経過とともに社会組織の構成部分は、部分的に置き換えられていくのが普通だからである。

持続物（continuant）と呼ばれる日常の対象について、三次元主義（three-deimensionalism）と四次元主義の対立、耐続説（endurantism）と延続説（perdurantism）の対立がある（Sider 2001; 中山 2009a）。対象はどのように変化するのか？　三次元主義者によれば、同一の対象が時間経過とともに以前持っていた性質と異なる性質を持つようになることで対象は変化する。四次元主義者によれば、四次元的対象のある時点における時間的部分が持つ性質が別の時点におけるその対象の時間的部分が持つ性質と異なるとき、対象はその二つの時点に関して変化したことになる。

社会組織は、生物体などの自然種とは異なり、社会構成的なものである。つまり、何がひとつの社会組織であるかは、関連する人々が何をひとつの社会組織とみなすかに依存して定まってしまう。

四次元主義は、諸部分から融合体を構成する存在論を展開するのに適した存在論であり、部分関係を基盤に対象を（四次元的に）特定することを許す。これに対し、三次元主義をとると、空間的関係に関してのみ部分関係による分割を受け入れうるが、部分関係は時間をまたいで存在する対象には直接的には適用されない。私は、部分関係は根本的な関係であり、三次元主義の立場は不徹底だと考えている。また、三次元主義者が瞬間のような特殊な時間的存在者を必要とするのも、私には問題であるように思われる。しかし、社会組織の三次元主義的規定も可能かもしれないので、ここではこの問題にはあまり深入りしないようにしたい。

ところで、形而上学の問題のひとつとして、人（person）の同一性という問題がある。[1] それは、「時間をまたいで、人はどのように同一であり続けることができるのか」という問いに関する問題である。この問題に対する有力な説には、記憶説（「心理的連続性説」とも呼ばれる）、身体説（「時空的連続性説」とも呼ばれる）、文脈依存説などがある。記憶説は、記憶が人の同一性を保証するという説である。一方身体説によれば、身体の同一性が人の同一性を保証する。そして私が、「文脈依存説」と呼ぶのは、文脈によって記憶を基準に同一性を判定する場合と身体を基準に同一性を判定する場合があるという説であり、私もこの説をとっている（中山 2005）。

そして、あまり議論されることはないが、社会組織の同一性に関しても、人の同一性と同様の問題が生じる。ここでは、社会組織の例として、国家について考えてみよう。君も知っているように、冷戦時代の終結とともに、東欧の地図は描きかえられていった。例えば、ドイツ連邦共和国は、一九九〇年にドイツ民主共和国と合併し、これを吸収した。また、チェコスロバキアという国は、一九九二年にチェコ共和国とスロバキア共和国に分裂した。このようなとき、私たちは国家の同一性についてどのように考えるべきだろうか？

国家が承認されるためには、国家内部での承認と国家外部での承認の両方が必要になるだろう。国家には、必ず、領土がともなう。領土は、人間における身体のようなものだ。そして国家に関しては、それがひとつの国家であることに対する国民による内的承認が必要となる。言い換えると、国民の共有信念が国家の存在を支えることになる。またこの内的承認の問題は、歴史的経緯とも関わるため、集団的記憶（collective memory）の問題ともなる(2)。つまり、内的承認の条件は、人物の記憶による確証に対応している。国家に関して現れるこのような特性は、社会組織一般にも当てはまる。一般的に、社会組織の存在は、社会組織の構成員たちによるその内的承認とその社会組織の領域がどこまでなのかの明確化を必要とする。

国家について、さらに考えてみよう。ある社会組織が国家であるかどうかについては、現在、内的承認のみならず、他の諸国家による承認という外的承認も必要になってきている。例えば現在、「ひとつの中国」のみが存在するとされ、台湾は国家としてみなされなくなってきている。また、独立運動を阻止しようとする外部からの圧力が加わり、住民による内的承認が無視される場合もある。そして、どの地区までがどの国家に属するかについて合意に達しない場合もある。例えば、尖閣諸島は日本に属するという日本の見解とこれを否定する中国の見解とは対立している。北方四島にしても、日本政府とロシア政府の間には、はっきりとした見解の違いがある。内的承認という判定基準だけでは、複数の内的承認が衝突するため、これら四島がどちらの国に属するかは決定できない。このように、社会組織の境界に関しては曖昧な事例もある。

2　社会組織のゲーム的構造
僕のおやじはいまだに平社員さ

この節では、規定（1c）の自己理解の問題と、規定（1f）で表現されている〈社会組織の構造化〉の問題を分析する。私たちは、（1f）で表現されている〈社会組織の構造化〉のうちに、ある特定のゲーム構造を読み込むことができる。この節の課題は、ゲーム体系が、社会組織の記述枠組みとしても、そして、その構成員たちの理解枠組みとしても捉えられることを示すことにある。

社会組織の存続ゲームにおける構造形成

ここで、社会組織に関する規定の最終項で何が述べられていたかを思い起こしてみよう。それは、次のものだった。

（1f）［社会組織の構造化とその維持］社会組織Oの存続が可能になるように、Oは構造化されている。つまり、Oの構造は、Oの存続の可能性が高まるように必要に応じて構造的変更をこうむる。

この（1f）の内容を、ゲーム体系の観点から解釈しなおしてみることにしよう。

私たちはまず、複数の社会組織が活動を続ける状態を、複数の生物体がある環境の中で存続し続けるときの生存競争と比較して考えてみたい。このとき、社会組織の諸活動は、〈存続を目的としたゲーム〉の中の一手として解釈することができるだろう。また、環境の変動に対応しながら存続し続けることが、社会組織Oにとってのゲームの目的ということになる。

それでは、社会組織の構造とは、何なのだろうか？　それは、下位組織への機能分担により形成される構造のことである。ここで人体とその諸器官について考えてみよう。人体は、特定の機能を担う諸器官により構成され、生存を続ける。脳は決断や思考や統御の機能を持ち、心臓は血液を身体全体に循環させるための中心的役割を担っている。同じようなことは、社会組織でも成り立つ。例えば、大学組織は、下位の諸部局に分かれ、それぞれの専門に特化して研究・教育を実践している。

下位組織への機能分担は、役割分担ともみなすことができる。組織設計を考案する人はまず、目標を達成するための役割分担を定め、その役割を担う単位として下位組織を設定するだろう。下位組織にとっては、上位組織から与えられた課題を充足することがゲームの目的となる。場合によっては、これが入れ子となり、〈下位組織の下位組織の下位組織〉などが作られる。官僚組織や大会社などを思い起こせば、このことが想像できるだろう。そして、それぞれの下位組織においては、当初の課題を充足させることによってひとつの部分ゲームを終結させれば、これに続いて新しい目標がかかげられ新たな部分ゲームが設定される。また、社会組織の構成員たちは自分がどの下位組織に属しているかをもちろん心得ている。そうでなければ、自分の仕事が何であり、組織の一員として自分が何をなすべきかを、彼らはよく理解できないだろう。

複雑な社会組織では、役割分担により各構成員の行為空間を狭く設定できる。こうして、役割分担は一種の分業を成立させる。分業体制が確立すれば、各構成員は社会組織全体の複雑なメカニズムを精確に把握することなしに、社会組織存続のための適切な行為を限定された行為空間の中から選択することができる。また、各構成員は、限定された課題設定に集中することで問題を適切に解決するためのスキルを効率よく獲得することができる。このため、いかに適切に役割分担をし、効率のよい分業体制を確立するのかが、社会組織間の生存競争ゲームで成功をおさめるための大きな要因となる。

危機にひんしている社会組織を再建するためには、多くの場合、チーム内部の役割分担の再編成が、つまり、組織の統合的構造変換が、必要になる。会社の場合には、このような再編成は、配置換えのみならず、しばしばリストラをともなうことになる。社会組織をとりまく環境は、時間の経過とともに変わっていく。かつて組織存続のために適切であった社会組織の内部構造も、環境変化とともに、非効率的なものとなり、構造の再編成が必要になってくるのである。

野球チームと社会組織の比較

野球のようなチームが社会組織の記述に関して参考になるひとつの特徴は、チーム内部でなされる役割分担にある。野球のチームには、ピッチャーやキャッチャーや一塁手などがおり、監督やコーチや控え選手などもいる。そして彼らは誰も、自分に割り当てられた役割を理解し、これを最高の仕方で実践しようとする。チームの構成員たちそれぞれが自分に課された役割を他の選手との連携のうえで懸命にはたそうとすることで、彼らはチームの勝利に貢献できる。ピッチャーはピッチャーとしての技能をみがくことが重視され、外野手の技能までをも身につけることは普通期待されていない。ここで、ピッチャーという役割を完全に理解しているが野球というゲームの全体像についてはおぼろげにしか知らない選手がいたとしよう。このような選手でも、彼がピッチャーとして飛びぬけて優秀ならば、彼はこのチームから解雇されずに、選手であり続けることができるだろう。

野球選手の専門特化にともなう知識や技能の自己限定は、野球などのチームスポーツだけでなく、大会社の社員などにもよく見られるものである。そのような社員は、自らに課された課題や仕事は知っており、それを満足がいくようにはたそうとするが、自分がやっている仕事が会社全体の中でどのような意味を持つかを正確には知らないかもしれない。それでも、全体を把握している有能な上役がいれば、この会社自体は存続できるだろう。

私が勤務している大学を例に、ゲームを実行するチームとして、大学という社会組織を描いてみよう。大学は、複数の学部から成る。それぞれの学部は、事務職員と教員と学生からなる。また彼らの間には、役割分担がある。そして各構成員は、自分が事務職員なのか教員なのか学生なのかを心得ている。つまり、規定（1c）に表わされた構成員としての自己理解は、自分に課せられた役割分担の理解としてより具体的で詳細なものとして、ここでは実現されている。大学は、普通、各部局という下位組織に分化され、それぞれの部局においてさらなる役割分担がなされる。この役割分担は、例えば、次のように表現できる。

（２ａ）［事務職員の主な役割］学部運営に関する事務を担当する。事務部は、庶務係、教務係、会計係などのようにさらに役割分担される。

（２ｂ）［教員の主な役割］講義、演習などの授業を担当する。また、教授会などを通して学部の運営にも携わる。

（２ｃ）［学生の主な役割］卒業に必要な授業に参加し、単位を取得する。目標は、卒業にある。授業料を支払い、大学運営を経済的に支援する。

大学という社会組織においても、入れ子になったゲームが展開されている。職員や教員や学生がするゲームは、それらを含んだ大学の自己存続というゲームのための部分ゲームと考えることができる。この部分ゲームは、一年間を単位とし、一年間の最初がゲームの初期状態となり、一年間の最後がゲームの終了状態ということになる。

（３ａ）［事務部の部分ゲーム］庶務係は、人事関係の事務を扱う。教務係は、教職員の授業計画作成の支援などを行う。会計係は配分された交付金を適切に処理するための支援を行う。
（3b）［教員の部分ゲーム（授業遂行に関連して）］講義、演習などを計画通りに実行していく義務があり、この義務を果たすことが部分ゲームの目標となる。
（3c）［学生の部分ゲーム］学生にとっての最終的なゲームの目標は卒業にある。各年度にこの最終的目標を達成するのに必要となる授業の履修計画をたて、この計画に従い単位を修得することが各年度の部分ゲームの目標となる。

このような多くの部分ゲームが組み合わされて、大学は存続するための活動を続けている。こうしてわかるように、社会組織に関わる多くの活動は、ゲーム体系を用いて記述することができる。

3　錯綜するゲーム体系
バイト優先か、授業優先か

私たちが生きている現実社会では、ひとつのゲーム体系だけでは説明できないような複雑な現象もたくさんある。それらの現象のいくつかは異なるゲームの重なりにより説明できるものである。というのは、現実社会を複雑にしているひとつの要因は、ゲームが入れ子になったり、重なりあったりするという現象にあるからである。このようなときには、同時に進行している複数のゲームを考えなければならない。

ゲームの重なり

現実世界では、しばしば、ゲームは入れ子の形で登場する。例えば、O大学の一員であるとともに、O大学のH研究科の一員であり、H研究科のK講座の一員であるような人物を考えることができる。大学内の各研究科は大学の部分ゲームを行い、各講座はその講座が属する研究科のさらなる部分ゲームを行うことになる。ときにこの人の行動は、K講座には利益をもたらすが、H研究科全体にとっては好ましくない結果をもたらすということも起こりうる。つまり部分ゲームは、全体のゲームの目的から逸脱する活動をも含みうる。

官僚組織の矛盾は、このようなゲームの入れ子に起因する部分もあるだろう。各省庁に配属された国家公務員は、元来、国の政治全体を考え、国民のために仕事をすべきである。しかし、各省庁という下位組織に分断されてその部分ゲームを行うとき、その部分ゲームで成功を収めることが所属の公務員にとって最終の目的と化してしまう場合がある。こうして、各省庁の間に摩擦が起きたり、共同作業の関係ではなく、競争関係に陥ってしまったりすることがある。このとき、部分的目的は全体的目的を逸脱し、全体的目的の実現をむしろ妨げる形で作用してしまうことになる。

人は普通、異なる社会組織に同時に属している。このことは、異なる役割分担を引き受け、異なるゲームの担い手に同時になっていることを意味する。ある人物は、O大学教員であると同時に、T

市の市民であり、彼の家族の一員でもあるかもしれない。これは、異なるゲームの重なりの例となる。このようなとき、どのゲームを優先させるかというジレンマが起きてくる。例えば、ゴールデンウィークを家族サービスで過ごすかそれともやり残した仕事の準備をするか、という問題が考えられる。一方のゲームを行うとき、たいていの場合、他のゲームを進行させることができず、課せられた役割を不十分にしかはたせないなどということも起きてくることになる。

ときに、自分が属するある社会組織のために行動することが、自分が属する他の社会組織にとっては好ましくないということも起こりうる。私たちはこのように、諸ゲームのプレイが衝突する中で生きている。このような衝突の中では、心的葛藤もしばしば生まれる。というのもこのようなとき私たちは、はたさなければならない義務のどれかを意図的に放棄することを余儀なくされるからだ。

国家も一種の社会組織である。そして国家の法律は、国民や団体に許されている行為空間を法律により制約する。このとき、ある国家のもとで活動する諸団体は、その国家の内部に位置する社会組織ということになる。国家に属するそれら社会組織は、法律により規定された自らの行為空間をさらに制約する形で、自らの行為空間を設定しなければならない。例えば、各企業は収益があがれば、法人税を国家に納めねばならず、これを怠れば脱税という罪になる。

警察権力などの国家機関は、国家の自己存続を維持するために設置されたものである。警察権力なしには、法典に記された諸規範は遵守されにくい。法律を犯すことは犯罪になり、警察は、犯罪を抑止し、治安を維持するための国家装置ということになる。規範は、それに従う人々がいることで現実性を獲得する。治安が著しく乱れているところや、賄賂により法律の抜け穴があるところでは、法的規範体系は十分機能しない。

警察権力や軍隊という国家的暴力を利用して、一部の集団が自らの関心のもとに国家全体を支配するということも、歴史の中で数多くなされてきた。このようなとき、国民にとっては、国家において自らに課された義務をはたすことは暴力的に強制されていることになる。自分が存在し続けるために、強制された義務を実行に移さなければならなくなる。ここでは、この国家が用意したゲームを逃れることは、ほとんど死を意味している。例えば、第二次世界大戦中の日本国民の多くは、この強制されたゲームを従順にプレイし続けていたということになる。

複数の社会組織の重なり

ここまでの考察からわかるように、社会組織が持つゲーム構造に注目すると、社会組織のダイナミズムを理解することができる。また、社会組織がゲーム構造を持つからこそ、複数の社会組織の重なりは、ときに遂行不可能な行為要請を個人レベルで引き起こし、そこにジレンマを発生させる。社会組織は抽象的なものでなく、構成員たちの活動によって担われて具体的に存在しているものなので、社会組織の目的にそった活動が各構成員に要請される。それは、生物体内の各細胞の活動と類似している。多くの細胞がでたらめに活動しはじめるなら、それら細胞により構成される生物体は、病気になったり、死んだりするだろう。

激しい競争の中で存続し続けるために、あるいは、厳しい状態に陥ってしまってもなお存続し続けるために、ときに、社会組織は過大な役割分担をその構成員たちに課してくる。これは、重病にかかった生物体やひん死の生物体にたとえることができる。このようなときに、過労死やうつ病などという形で構成員たちが自分の命を賭けてその組織矛盾を引き受けることもある。

しかし、複数の社会組織が重なりを持つからといって、必ず衝突が起こるわけではない。例えば、ひとつの社会組織が他の社会組織の部分であり、協調しながら互いの活動を統制している場合がある。国家と地方自治体との間の関係は、大抵の場合、この調和的関係に当たる。

ここで、いままでの考察をまとめておこう。社会組織は、生存競争ゲームをしている一種のチームとして解釈できる。つまり社会組織は、その存続を目的とするようなゲームを構成員たちが実践することによって維持されていると解釈できる。このとき社会組織は、組織内部における役割分担によって構造化されていると解釈できる。また、社会組織の構成員たちは、ゲームの中で自らに分配された課題を解こうとする。このとき構成員たちは、ゲームの中で自らに課せられた役割を懸命にはたそうとしている。彼らは、自分たちに課せられた役割を理解しており、それに従って自らの行動計画をたてる。また、ゲームの中の役割をはたさない選手たちがしばしば、選手交代されるように、社会組織の中で与えられた役割をうまくはたせない構成員たちは組織の中から排除される可能性がある。だから、社会組織の構成員から排除されないためにも、構成員たちは自らが担った役割をはたそうと努めるのである。(3)

二〇一一年三月十一日の東日本大震災で、東北地方を中心に大変な被害があったよね。福島第一原発でも放射能がもれる事故があり、周辺の住民たちは政府が出した避難勧告に従わないといけなかった。国がやるべきことと、県や市町村がやるべきことが、目に見える形で明らかになったと、僕はあらためて思ったよ。国も市町村も学校も、みんな社会組織なんだ。社会組織の中には必ず、役割分担があるよね。だけどなんで、そんな分担ができたのかな？　きっと、みなが自分の仕事の範囲が決まって限られていた方が力が十分に発揮できるからじゃないのかな。このことは、野球なんかでも起こるよね。

Ｎ（中山康雄）は、社会組織が巻き込まれているゲームは、生存競争ゲームじゃないかって考えているね。社会組織の分担は、競争に負けないでつぶされないでいるために作られると考えているのだね。それから、社会組織は入れ子になったり、重なったり、すごく複雑になっているんだな。

君も人生の中でいろいろ悩んだりすることが、きっとあるだろう。そんな悩みって、君が属している社会組織と関係していないかい。大学でおもしろくない授業にも出て単位をそろえないといけないとか、大企業に就職したり、公務員になったりするためにはどうしたらいいかなんて。それって、社会組織の中でちゃんとした場所を確保しておきたいということだよね。努力してゲームの中にきちんと入り込むというのもひとつの生き方だろうさ。だけど、そんなゲームの外にもきっと別のゲームがあって、そこで生きる道というのもあるさ。大企業に就職できなくたって、そんなに悩むことはないよ。やりたいことをやるのが一番いいというのが、僕の持論なんだ。

第八章　社会的行為と法体系

規範が法律の中で表現されていれば、それは法的規範となる。君自身が意識していなくても、君は暗にこの法的規範の枠の中で自分の行為を選択しているのかもしれない。第Ⅱ部で導入されたた規範体系やゲーム体系の枠組みは、この法的規範を説明するのに用いることができる。現代国家は法治国家であり、法は国家を成り立たせるために不可欠なものとなっている。このことも、法の特性を哲学的観点から明らかにすることの重要性を物語っている。法哲学という分野があるように、法はこれまで哲学的にも探究されてきたが、私のここでのアプローチは、法体系や法的推論や法実践をなるべく厳密に記述することを目指している。

1　法体系と規範体系
故意に他人の権利を侵害してはならない

本書第一章第2節のハートの法哲学を説明するときにすでに見たように、法体系には社会的規範が深く関わっている。ハートは、『法の概念』において、法は命令か道徳かそれとも規則（rule）かと問うている。法は命令であるというのが、十九世紀の法哲学者ジョン・オースティン（J. Austin, 1790–1859）の立場であり、法は規則であるというのがハートの立場である（Hart 1961: pp. 8–10; 大屋 2006: p. 2）。ちなみに、法は道徳規範の一部分であるという立場は、ドイツの国法学者G・イェリネック（G. Iellinek, 1851–1911）などが主張している（平野ほか 2002: p. 30）。

私の観点からは、法体系は規範体系の一種ということになる。私の立場は、ハートの立場に近いが、規則という概念を規範体系の枠組みにより明確化しようとしたところにその特徴がある。この明確化により、法的推論を厳密に記述できるのが、私の立場が持つ利点である。

法文の分類

法体系とは何かを考えるにあたって私は、法文のタイプの分析から迫ってみたい。法文は、異なるタイプの文から成り立っている。私はここで、言語哲学的観点から法文を七つのタイプに分類したい。

（1a）〔宣言〕社会的事実を生成するための宣言。
例：日本国憲法第四一条「国会は、国権の最高機関であって、国の唯一の立法機関である」。
（1b）〔組織の構造を規定する文〕ある特定の構造を持つ社会組織を設置することを規定する文。
例：憲法第六六条第一項「内閣は、法律の定めるところにより、その首長たる内閣総理大臣及びその他の国務大臣でこれを組織する」。
（1c）〔用語の定義〕後に続く法文の表現のためにその法律内における用語の使用が定義される。
例：私的独占の禁止及び公正取引の確保に関する法律第二条一項「この法律において「事業者」とは、商業、工業、金融業その他の事業を行う者をいう。事業者の利益のためにする行為を行う役員、従業員、代理人その他の者は、次項又は第三章の規定の適用については、これを事業者とみなす」。
（1d）〔法の適用範囲を明記する文〕法に関してその適用範囲を規定する宣言。
例：刑法第一条「この法律は、日本国内において罪を犯したすべての者に適用する」。
（1e）〔権限付与文〕特定の集団に特定の権限を与えるタイプの文。
例：憲法第七七条第一項「最高裁判所は、訴訟に関する手続、弁護士、裁判所の内部規律及び司法事務処理に関する事項について、規則を定める権限を有する」。
（1f）〔規範文〕特定の集団に対して義務、許容、禁止を表現する規範文。

例（義務）：憲法第七七条第二項「検察官は、最高裁判所の定める規則に従わなければならない」。

例（禁止）：憲法第八九条「公金その他の公の財産は、宗教上の組織若しくは団体の使用、便益若しくは維持のため、又は公の支配に属しない慈善、教育若しくは博愛の事業に対し、これを支出し、又はその利用に供してはならない」。

例（許容（この場合は権限の付与））：憲法第九四条「地方公共団体は、その財産を管理し、事務を処理し、及び行政を執行する権能を有し、法律の範囲内で条例を制定することができる」。

（1g）［司法機関への義務］「〜に処する」という文は陳述文であるが、これは「〜の判決をくださねばならない」という該当する司法機関に対する義務を表現しているものと解釈できる。

例：刑法八十一条「外国と通謀して日本国に対し武力を行使させた者は、死刑に処する」。

このように、法はいくつかのタイプの文から成り立っているが、第Ⅱ部で用意した規範体系の枠組みは、これら異なる文タイプ間の関係を分析するのに用いることができる。それらを具体的に、見ておこう。（1a）〜（1d）の文形式は陳述文であり、（1f）のみが規範文の形式をとっている。（1e）は表面的には陳述文の形式をしているが、権限付与文は規範文を含意しているというのが、第四章第3節で述べた権限付与文に関して私がとる立場である。同様に（1g）も、規範文の内容を陳述文により表現していると考えることができる。これに対し、（1a）～（1d）の陳述文は内容においても規定的である。将棋の規則において、駒の名前や数や初期状態における盤上の駒の配置を陳述文により説明する必要があるのと同様に、国家の組織を規定するには陳述文が用いられる。これらは、規範体系〈T、O〉におけるTの命題体系で表現される部分に相当する。

権限の付与は、ハートが特に注目した法実践における現象である。第四章で述べたように、私は権限付与を特定の集団に限定された許容として解釈する。だから私は、「最高裁判所は、Xについて規則を定める権限を有する」という文を、「最高裁判所のみに、Xについて規則を定めることが許されている」と解釈する。

法律の分類

ハートは第一次規則と第二次規則を区別したが、法律にはさまざまな種類があり、それらの関係は複雑である。ここでは、この法律間の関係を整理しておこう。

日本の現行の法律には、さまざまなものがあるが、六法全書にも収められている代表的な法律には、憲法、民法、商法、刑法、民事訴訟法、刑事訴訟法がある。これら法律は、同等ではなく、特定の仕方で優位関係が成立している。ここでは、日本の現在の法体系の概略を見ることにより、法律間の関係について考察してみたい。

憲法は、立法の権限を衆議院と参議院の議院に付与している限りにおいて、他の法律に対してより高次の規定を含んでいる。ハートの言う第二次規則に最もよく当てはまる例は、日本の憲法の中にいくつか見つけ出すことができる。例えば、憲法第五十九条に表現された立法権の規定では、ハートの変更の規則（本書第一章（3b））が表現されている。

憲法第五十九条　法律案は、この憲法に特別の定のある場合を除いては、両議院で可決したとき法律となる。

2　衆議院で可決し、参議院でこれと異なった議決をした法律案は、衆議院で出席議員の3分の2以上の多数で再び可決したときは、法律となる。

3　前項の規定は、法律の定めるところにより、衆議院が、両議院の協議会を開くことを求めることを妨げない。

4　参議院が、衆議院の可決した法律案を受け取った後、国会休会中の期間を除いて六十日以内に、議決しないときは、衆議院は、参議院がその法律案を否決したものとみなすことができる。

また、憲法が日本の最高法規であることは、憲法第九十八条と第九十九条において明示的に述べられている。

第九十八条　この憲法は、国の最高法規であって、その条規に反する法律、命令、詔勅及び国務に関するその他の行為の全部又は一部は、その効力を有しない。
2　日本国が締結した条約及び確立された国際法規は、これを誠実に遵守することを必要とする。
第九十九条　天皇又は摂政及び国務大臣、国会議員、裁判官その他の公務員は、この憲法を尊重し擁護する義務を負ふ。

第九十八条に表されているように、憲法の内容は他の法律に優先して適用しなければならない。このように、法体系にはさまざまなものがあるので、その適用の問題は、ハートが第一次規則と第二次規則を用いて描写した関係よりも複雑なものになっている。

2　法的推論

人を殺したものは三年以上の懲役に処する

法律を適用するためには、推論を行わねばならない。このとき法文は、数学における公理のような役割を果たす。そして法適用は、問題となっているある具体的事案が法文で表現されている条件文の前件を充たし、そのためその条件文の後件が適用できることを導くことで実践される。だから、法の実践を明らかにするためには、法的推論がどのような形でなされるのかを明らかにすることが必要となってくる。

法的推論の定式化

多くの法哲学者は、法的推論の基盤となるのは、判決三段論法[1]であるとしている（亀本 2002: p. 200f; 亀本 1990: p. 224f; 大屋 2006: p. 3）。判決三段論法の構造は、法規則を大前提とし、法規則の要件に事実をあてはめることにより、結論を導く、というものである。

この判決三段論法は、アリストテレスの定言三段論法と類似したものであり、このような限定された表現能力を持つ推論で法的推論全般をどのように表現するかは疑問が残るところである。いずれにしろ、法学者たちは厳密な法的推論の定式化については、あまり注意を払っていないようである。私はこの節で、単純な法的推論のみでなく複雑な法的推論をも厳密に表現するために、本書第四章で提案した規範体系論理学を用いることを提案したい。ここでは、二つの事例を用いて、規範体系論理学をどのように用いるかを示唆することにする。

刑法一九九条の条文に「人を殺した者は、死刑又は無期若しくは三年以上の懲役に処する」とある（大屋 2006: p. 2）。私の解釈では、このような罰則を表わす条文は、法執行機関に与えられた義務空間を表現している。つまりこの文は、「該当する法執行機関は、人を殺した者に対して死刑あるいは無期懲役あるいは三年以上の懲役という判決を下さなければならない」という規範文を意味していると解釈するのである。そこで、第四章で導入した規範体系論理学を用いると、法的推論は次の表８－１のように表せることがわかる。[2] ただし表８－１の規範体系論理学を用いた推論において、「死刑判

表 8－1　規範体系論理学を用いた法的推論の例 1

規範体系論理学を用いた推論：

義務である 〈T, 刑法*〉
（**すべての**殺人者 x に対して 死刑判決（x） **または** 無期判決（x） **または**
三年以上判決（x））

「被告 A は殺人者」が T から帰結する

義務である 〈T, 刑法*〉
（死刑判決（A） **または** 無期判決（A） **または** 三年以上判決（A））

日常言語での推論：

該当する法執行機関は、人を殺した者に対して死刑あるいは無期懲役あるいは三年以上の懲役という判決を下さなければならない　［刑法一九九条より］

被告 A は人を殺した　［事実認定］

該当する法執行機関は、A に対して死刑あるいは無期懲役あるいは三年以上の懲役という判決を下さなければならない

決（x）」、「無期判決（x）」、「三年以上判決（x）」はそれぞれ、「該当する法執行機関がxに対して死刑判決を下す」、「該当する法執行機関がxに対して無期懲役の判決を下す」、「該当する法執行機関がxに対して三年以上懲役の判決を下す」の省略形とする。

このタイプの推論は、「**または**」を含んだ選言命題[3]を中に含んでいるので、アリストテレス流の三段論法では、直接に表現できないものである。

次の例として、民法第七〇九条の「故意または過失によりて他人の権利を侵害したる者は之によりて生じたる損害を賠償する責めに任ず」という文を考えてみよう。ここでは、亀本洋による例を考慮することにする（亀本 2002: p. 200f）。それは次のような物語である。

原告Aが被告Bを、不法行為にもとづく損害賠償を求めて裁判に訴えた。原告側主張によると、Bは自動車の運転中に携帯電話のベルに気をとられて、Aが運転するA

表8－2　規範体系論理学を用いた法的推論の例2

規範体系論理学を用いた推論：

義務である 〈T, 民法*〉
すべての y に対する侵害者* x に対して、損害賠償(x, y)
「被告 B は A に対する侵害者*」が T から帰結する

義務である 〈T, 民法*〉 損害賠償(B, A)

日常言語での推論：

故意または過失によって他人の権利を侵害した者には、それによって生じた損害を賠償する義務がある　［民法第七〇九条より］
B は過失によって A の権利を侵害した　［事実認定］

B は A に対して損害を賠償する義務がある

所有の自動車に追突し、その結果、Aの自動車が損害を受け、また、A自身もむち打ち症になった。

ここで、「yに対する侵害者＊x」が「xは故意または過失によってyの権利を侵害した者である」の省略形だとしよう。また、Tの中にこの事例の描写が含まれているとしよう。すると、「Bは過失によってAの権利を侵害した者である」ことがTから帰結する。そこで、次の推論が規範体系論理学で成立する（表8－2）。

この推論においては、法的解釈の問題が「小前提」の適用において起こっている。そこでは、確認された事実としてのBの過失が民法第七〇九条で言うところの「他人の権利の侵害」に相当するかどうかが問題となる。法の実践においては、この用語適用の問題を明確化する過程で、過去の判例などが参照されるのである。いずれにしろ、規範体系論理学の法的推論への適用は、問題の所在を明確化するのに役立てることができることがわかる。

法的判断

一般に、法的判断においては、法規範の確定に関わる法律問題と、事実の確定に関わる問題とに分けることができる。裁判においては、事実問題の決定が先立ち、事実が確定した後に、適用すべき法規範の選択と解釈の確定がなされる（亀本 2002: p. 204）。このため、ある事案を法的に処理するためには、どの法律のどの条文がその事案に適用できるかを検討しなければならない。刑法一九九条を例に、少し考えてみよう。

刑法一九九条の条文は、「人を殺した者は、死刑又は無期若しくは三年以上の懲役に処する」となっている。この条文を実際の事案に適用できるかどうかは、その事案が含んでいる出来事が刑法一九九条の意味での「人を殺す」ことに相当するかどうかが問題となる。そしてこの判断は、法的基準をもとになされるのである。

判断が困難な事案があることは、法律家にはよく知られている（山口 2008: p. ii）。

（2 a）けんか相手に殴られ、けがを負ったCが救急車で病院に運ばれる途中、その救急車が交差点で大型タンクローリーと衝突して燃え、Cが焼け死んでしまった。このとき、Cを殴った人物は、Cを殺したことになるだろうか。

（2 b）Fを殺そうと拳銃を発射したところ、銃弾はFをはずれ、間違ってEに当たってしまった。そしてEは死んでしまう。この銃を発射した人物はEを殺したのか、それともそれは事故だったのか。

（2c）Hから攻撃された人物が、自分の身を守るために過度に反応し、護身用に持っていたナイフでHを刺し殺してしまった。

これらが刑法一九九条の言う「人を殺した者」に当たるかどうかは、日本の法体系の内部でその正当性について慎重に吟味されねばならない。例えば刑法三五条では、「正当な業務による行為は罰しない」とあるが、刑法一九九条の適用にあたっては、他の諸条項との整合性も確かめる必要があるのである（山口 2008: p. 180）。

3　裁判のゲーム構造
第一審の公判手続きに勝訴する

裁判では、ひとつの事案の判決をめぐり、検察側と弁護側が対決する。この対決とその決着のプロセスをひとつのゲームとして記述することができる。「勝訴」と「敗訴」と言われるように、裁判には勝ち負けがある。このことからも、裁判が一種のゲームとして解釈できることは明らかである。この節では、裁判のゲームがどのようなものであるかを描いてみたい。

裁判というゲーム

裁判は、ゲーム構造を持っている。裁判には、三種の集団が関わる。検察官側、被告人側、裁判所側の三集団である。このうち、検察官側と被告人側の二集団の間で裁判は争われ、裁判所側によりこのゲームの決着がつけられる。裁判にはいろいろなものがあるが、ここでは、刑事訴訟第一審の公判手続を見ておこう。刑事訴訟第一審の公判手続は、冒頭手続きから始まり、判決宣告によってこのゲームは終結する。この第一審の公判手続は、ゲーム体系の枠組みを用いると一種のゲームとして記述できる(4)。

第一審の公判手続は、大別して、冒頭手続、証拠調べ手続、弁論手続、判決宣告手続から成っている。また、必要な場合に、争点及び証拠の整理手続（公判前整理手続、期日間整理手続）が行われる。これら四つの手続きをもう少し詳しく見てみよう。

（3a）［冒頭手続］冒頭手続で行われる手続で主要なものは、裁判所に出頭した被告人が検察官により公訴を提起された者に間違いないかどうかを確かめる人定質問、審判の対象を明らかにする起訴状朗読、被告人に対し黙秘権その他の権利を説明する権利告知、事件の争点を明らかにする被告事件についての陳述の機会の付与の四つである。

（3b）［証拠調べ手続］証拠調べ手続は、検察官側の立証と被告人側の立証に分かれる。最初に検察官側から立証が行われ、これに被告人側の立証が続く。検察官側からの立証では、検察官は、まず冒頭陳述を行って、証拠によって証明しようとする事実を明らかにした後、個々の証拠の取調べを請求する。これに対して、裁判所は、被告人側の意見を聴いた上で、検察官が取調べを請求した証拠を採用するかどうかを決定し、その上で採用した証拠を取り調べる。被告人側の立証は、裁判官に対して、公訴事実の存在について、検察官の立証が合理的な疑いを入れない程度にまでは証明されていない、と考えさせるだけで十分であり、それ以上に、公訴事実が存在しないことまで証明する必要はない。裁判所は、検察官側の立証の場合と同様に、被告人側が取調べを請求した証拠を採用するかどうかを決定し、採用した証拠を、法律の手続に従って取り調べる。

（3c）［弁論手続］まず、検察官が論告を行い、事件に対する事実面、法律面の意見を述べる。通常は、その最後に求刑を行う。次に、弁護人が弁論を行い、被告人の立場から見た事件の事実面、法律面の意見を述べる。最後に行われるのが被告人の最終陳述である。

（3d）［判決宣告手続］判決宣告手続においては、裁判所が判決を言い渡す。公訴事実の存在が合理的な疑いを入れない程度に証明され、かつ、その事実が刑罰法令に触れるときは、有罪判決が言い渡されるが、被告事件が罪とならないとき又は被告事件について犯罪の証明がないときは、無罪判決が言い渡される。

冒頭手続は、ゲームの参加者の間で問題の事件に関する共有信念を形成するための確認作業と言えるだろう。このようにして冒頭手続は、ゲームの始まりを準備し、共有信念が成立した段階でゲームの初期状態が形成されたと考えられる。第一審公判ゲームは、この初期状態の設定の後、証拠調べ手続、弁論手続、判決宣告手続という三つの部分ゲームに分割されて順に進行し、裁判所の判決の言い渡しにより終結する。証拠調べゲームは、検察官側が取り調べを請求して、この証拠を裁判官に採用させることが目的となる。これに対し、被告人側は検察官側の立証を崩す証拠を請求し、これを採用させることを目的とする。次に行われる弁論手続でも、検察官側が先手となり、被告人側が後手となり、論告と弁論がなされる。判決宣告手続では、これまでの証拠手続と弁論手続を踏まえて、有罪または無罪の判決が裁判所から言い渡される。

このように、第一審の公判手続きをゲームとして解釈することは、完璧と言っていいくらいにうまくいく。

裁判の入れ子構造

裁判所法によれば、裁判所は最高裁判所と下級裁判所に分かれる。そして下級裁判所はさらに、高等裁判所、地方裁判所、家庭裁判所及び簡易裁判所に分かれる。そして第四条にあるように、上級審は下級裁判所における裁判を拘束する。

裁判所法第四条（上級審の裁判の拘束力）　上級審の裁判所の裁判における判断は、その事件について下級審の裁判所を拘束する。

高等裁判所は、また次の権限を持つ。

裁判所法第十六条（裁判権）　高等裁判所は、左の事項について裁判権を有する。

一　地方裁判所の第一審判決、家庭裁判所の判決及び簡易裁判所の刑事に関する判決に対する控訴

二　第七条第二号の抗告を除いて、地方裁判所及び家庭裁判所の決定及び命令並びに簡易裁判所の刑事に関する決定及び命令に対する抗告

三　刑事に関するものを除いて、地方裁判所の第二審判決及び簡易裁判所の判決に対する上告

四　刑法第七十七条乃至第七十九条の罪に係る訴訟の第一審

日本では、通常の案件では三審制が採用されている。第一審の判決に不服で第二審の裁判を求めることを「控訴」と呼び、第二審の判決に不服で第三審の裁判を求めることを「上告」と呼ぶ。ただし控訴とは、第一審の判決に対して不服がある場合に、上級の裁判所に対してその判決の確定を遮断して新たな判決を求める不服申し立てのことを言う。第一審の後控訴が行われなければ、判決は第一審のものに確定する。しかし、控訴が行われれば、控訴審が行われることになり、最終的判決は控訴審によるものになり、この第一審はこの最終的判決という終了点からみると全体のゲームの部分ゲームとなる。

このように、野球のトーナメント戦などで見られたゲームの入れ子構造は、裁判ゲームでも見られることがわかる。

日本にもいろいろ法律があるけど、大事なことは、何かしたときにそれが法律違反になるかどうかってことだろ。すると法律の適用が大切になってくるよね。そこで法律の条文から（推論を通して）何を結論するかが重要になってくるよね。N（中山康雄）はここのところでは、第四章でNが導入した規範体系論理学の出番があるって言いたいわけだね。

それから法律の条文を適用しようとすると、法律用語独特の意味が問題になってくるよね。法律用語をどんなふうに解釈するかについて法律家たちが積み上げてきた歴史があって、法律はそうした法解釈の歴史を踏まえたうえで適用されるみたいだね。

それから刑事裁判はよく、サスペンスもののテレビ番組にも出てきたりするね。僕もときどき、「7人の女弁護士」なんて番組を見たりしたよ。だいたいそういう番組は、隠されている真実を明らかにすることと、人間の権利を守るという大義名分とを結び付けているけど、被告人に対する不当な疑いを事実の検証を通して裁判の場で証明するという話の展開をとるよね。すると、裁判に勝ち、真実が明らかにされるという状況で、そのストーリーは終わるんだな。こんな風に考えてもわかるように、刑事裁判は、明らかに、検察官側と被告人側の間で戦われるゲームだよね。

第九章　経済活動とゲーム体系

君は、意図せずしてすでに経済活動に参与している。君の友人には、コンビニでオムスビを買い、居酒屋でアルバイトをし、授業料を大学におさめている人がいるかもしれない。これらすべての行為は、売買や労働や契約履行という経済に関連した行為選択になっている。このように、現代社会で活動する私たちは、生きている限り、経済活動の中に巻き込まれており、それと無縁であることはできない。

経済活動は、人々が自分にとって好ましい状況になることを目指してそれぞれ行為を選択し、これを実践することと関係している。この章では、ゲーム体系の枠組みを基盤にして経済活動を記述することを試みよう。また、経済活動の説明や予測に近年用いられているゲーム理論と私の本書のアプローチであるゲーム体系の枠組みとの関係をここで明らかにしておきたい。

1　経済活動におけるゲーム

お菓子を買うことだってゲームだぞ

私たちが商品を買ったり、働いて賃金を取得したりすることも、一種のゲームとして解釈することができる。商品の購入や労働は、どちらも個人が実践する主要な経済活動である。この節ではこれらの現象を、私の観点から分析してみよう。

貨幣使用のゲーム

貨幣は、「計量可能なモノの市場《しじょう》における交換価値を客観的に表す尺度」と説明されたりする。この尺度は、社会構成的なものであり、単なる個人の心的状態に左右されないという意味で客観的なものである。(1) 貨幣は、量によって表現されるため、数学の体系を使って計算できる。また貨幣は、モノとの交換だけでなく、労働との交換にも用いることができる。

モノの売買は、所有権を前提にしている。モノの所有権は、所有者に対して社会的に承認された権利であり、あるモノの所有者はそのモノを使用したり破壊したり自分の思うままにすることが許されている。つまり、モノを所有することは、そのモノに対するさまざまな行為タイプを含んだ行為空間を所有者に与えることになる。モノの売買は、このモノの所有権を、一定の価値を持つ貨幣と（合意のうえで）交換することより成立する。例えば、売り手A氏から買い手B氏がモノCを貨幣Dで購入したなら、モノCの所有権がA氏からB氏に移ったことが、A氏とB氏との間だけでなく、彼らを構成員として含んだ（その所有権を規定する）社会組織でも承認されたことになる。

ここで、いくつかの概念に対する確認をしておこう。まず所有権とは、民法第二〇六条に従えば、「法令の制限内において、自由にその所有物の使用、収益及び処分をする」権利のことである。つまり、あるモノの所有権を持つ人は、そのモノを使ったり、売ったり、捨てたりする権限を法的に認められている。また民法第五五五条に従えば、売買は「当事者の一方がある財産権を相手方に移転することを約し、相手方がこれに対してその代金を支払うことを約することによって、その効力を生ずる」ものである。

ところで、この売買という行為は、売り手A氏と買い手B氏が参与するひとつのゲームとして捉えることができる。

（1a）［初期状態］A氏がモノCの所有権を持ち、B氏が十分な財産を有している。

（1b）［合意形成過程］A氏とB氏が、（必要なら交渉のうえ）Cに関する所有権の譲渡に対してB氏からA氏に支払われる貨幣の額Dに関する合意形成にいたる。

（1c）［交換過程］合意に従い、B氏はA氏に合意された貨幣Dを支払い、これに従いA氏はCに関する所有権をB氏に譲渡する。

（1d）［終了条件］モノCの譲渡完了とともに、ゲームは終了する。

合意形成過程（1b）で、A氏とB氏がCの価値について合意に至ることがこの売買において重要になる。このときA氏とB氏は、Cの価値はDの価値に等しい（価値（C）＝価値（D））ということの共有信念を抱くことになる。売買という経済活動は、このような共有信念を基盤に成り立つものなのである。

ここで、貯蓄という現象についても述べておこう。貯蓄は位置エネルギーに似ている。貯蓄することにより、モノを購入する潜在能力が上がる。そして、貯蓄から金銭を引き出し、これを使用すると、それは運動エネルギーのように消費され、貯蓄の位置エネルギーは減少する。このような価値の保蔵を貨幣は可能にする。

価格設定のゲーム

ここで、同一の商品を売る複数の店舗の間の競争関係を考えてみよう。このようなケースを考えることで、現実の経済活動の感じが少し出てくるだろう。いろいろな場所に配置されたn店舗があり、いろいろな地域に住むm人の人たちがモノCを買おうと思っているが、遠い店舗で買い物をすると交通費が余分にかかってしまうとしよう。これらの消費者たちは、交通費も含めて最も安い金額でCを得ようとしているとしよう。また消費者たちは、すべての店舗でのCの値段をあらかじめ知っているとしよう。このとき各店舗にとっては、魅力のある価格設定により消費者たちにうったえかけないといけない。しかし仕入れや人件費などが定まっているので、損をしないでCを売るための最低値は各店舗ごとに定まっている。店主たちがこのゲームのプレイヤーであり、なるべく多くの収益をあげることがこのゲームをするプレイヤーたちの目的ということになる。

このようなとき、まわりに同種の店舗がほとんどない店舗では、ある程度高く価格を設定できるという結論が得られる。また消費者が集中している都市部にあり、多くの店舗が隣接しているほど、その収益は他の店舗の価格設定に依存して変動することがわかる。しかし、あまり価格を低く設定しすぎると、十分な収益が得られず、互いに倒産してしまう可能性も出てくる。

価格設定は、このゲームの中の唯一の行為選択肢である。このとき、各店主の行為空間は、設定できる金額の集合で表すことができる。しかし現実には、消費者たちはいろいろな店舗での商品の品質と値段を知っているわけではない。だからこそ店主たちは、宣伝により、自らの店舗の商品の品質と安さをアピールしようとするのである。つまり現実には、商品の宣伝ということも店主の行為空間に入っている。さらに、従業員の賃金の設定や効率のよい労働環境の整備という行為タイプなども、店主たちの行為空間の要素として考えられよう。この考察が示しているように、販売という経済活動もゲームとして捉えられる。

労働と契約

労働は、使用者と労働者の間での労働契約に従って労働者がなすものである。そのため労働は、約束を守るために実行される行為に似ている。労働は、労働契約に従って生ずる使用者と労働者の間の相互的義務のうち、労働者が契約に従い履行する義務的行為である。

提供される労働の種類と質と量は契約により定められ、労働に対する対価としては賃金が支払われる。契約も、共有信念を形成させる手段である。ここでもモノの売買の場合と類似して、「価値（A氏の労働量X）＝A氏の賃金Y」という等式が労働者（＝被雇用者）A氏と使用者（＝雇用者）B氏との共有信念となる必要がある。

労働契約法では、労働契約は次のように規定されている。

第三条　労働契約は、労働者及び使用者が対等の立場における合意に基づいて締結し、又は変更すべきものとする。

2　労働契約は、労働者及び使用者が、就業の実態に応じて、均衡を考慮しつつ締結し、又は変更すべきものとする。

3　労働契約は、労働者及び使用者が仕事と生活の調和にも配慮しつつ締結し、又は変更すべきものとする。

4　労働者及び使用者は、労働契約を遵守するとともに、信義に従い誠実に、権利を行使し、及び義務を履行しなければならない。

5　労働者及び使用者は、労働契約に基づく権利の行使に当たっては、それを濫用することがあってはならない。

労働契約という法律がある以上、契約により労働者と使用者に生じる義務は、法的義務となる。労働者が義務として提供するのは契約に定められた労働という行為であり、使用者は契約に定められた賃金を労働者に対して支払う義務を負う。労働は、このような契約に従った行為ということになる。

会社などの社会組織は、自らの活動により売上をあげ、この売上の一部を賃金として労働者に分配する。また労働者は、この賃金を糧に生活し、自己存続を実現することができる。このとき、会社の自己存続とその会社に雇われた労働者たちの自己存続は一定の依存関係にある。労働者たちが生きて働き続けてくれるので会社は存続し、逆に、会社が存続して賃金を払ってくれるので労働者たちも生き続けることができるのである。

2　ゲーム理論とその応用

囚人のジレンマは深刻だ

フォン・ノイマン（J. von Neumann, 1903–1957）とモルゲンシュテルン（O. Morgenstern, 1902–

1977）が共同で執筆した『ゲームの理論と経済行動』（1944）が出版されて以来、経済活動の一部を一種のゲームとして解釈するアプローチについては広く知られている。またジョン・ナッシュ（J. F. Nash, 1928–　）による非協力ゲームの研究成果とメイナード＝スミス（J. Maynard Smith, 1920–2004）による進化ゲーム理論の研究によりゲーム理論の適用範囲は拡張していき、現在にいたっている。

ゲーム理論は、数学的に厳密な理論であり、経済活動を数学的モデルで説明する新しい手法を提供した。この理論は、行為の利得（gain）を設定し、この利得設定とゲーム構造から、合理性などの一定の条件の仮定のもとに、プレイヤーたちの間に成り立つ平衡状態を計算する。これに対し、私が提案するゲーム体系は、ゲーム理論とは異なり、ゲームの規則に制約されたプレイヤーたちの行為の枠組みを記述するものである。この節では、ゲーム理論の応用としてどのようなものがあるかをざっとスケッチしてみたい。

ゲーム理論

ゲーム理論は、行為者たちが行為空間の中から自らの目的にかなった行為を選択する合理的戦略を、数学を基盤に研究する分野である。ゲームのプレイヤーたちは、行為空間（ゲーム理論では、「行動集合」とか「戦略集合」とか呼ばれる）からひとつの行為を選び実行する。ある行為を実践した場合の利得が各プレイヤーに対して定められており、彼らは自分の利得を最大にするよう行為選択をするというのが、ゲーム理論の設定である（細江ほか 2006: 第1章）。

ゲーム理論の研究には、ゼロ和二人ゲーム、協力n人ゲーム、非協力n人ゲームなどがある。ゼロ和二人ゲームはチェスや碁のように勝ち負けを争う二人で行うゲーム、協力ゲームは結託や提携を形成して利得の取り分を争うゲーム、非協力ゲームは多くのプレイヤーたちが（他のプレイヤーたちが合理的にふるまうときの行動予測を考慮に入れて）個々独立に行動するゲームである（中山幹夫 2005: p. 3)。

ゲームでは、最適なゲームの戦略があるかどうかに関心があるところだが、フォン・ノイマンはこの問いに対して論文「室内ゲームの理論」（1928）でミニマックス定理を証明し、ゼロ和二人ゲームに関して肯定的に答えている。このミニマックス定理は、ゲーム理論の出発点として位置づけられることも多い画期的なものである（Siegfried 2006: 邦訳 p. 62; 中山幹夫 2005: p. 11–13)。この定理は、「ゼロ和二人ゲームで両プレイヤーが自身の利得を最大化あるいは損失を最小化するよう行動したとき、混合戦略の組み合わせと確率をミニマックスで考えると、両プレイヤーにとっての最適戦略（妥協点）が見つかる」ということを述べるものである。パウンドストーンは、子供によるケーキ切りの例を用いてミニマックス定理をうまく説明している。一人の子供がケーキを切り、もう一人の子供が切られたケーキを選ぶという状況のもとでは、ケーキを切る子供がとる最も良い戦略は、ケーキの大きさがまったく同じようになるよう切るということだ。というのも、少しでも違いが出れば、相手の子供は大きいほうのケーキを選び、自分には小さい方のケーキが残されてしまうからだ。そしてこれが、ミニマックス定理が示す解でもある（Poudstone 1992: 邦訳 p. 64f)。

フォン・ノイマンとモルゲンシュテルンのゲーム理論は、三人以上の非協力ゲームを扱うことができず、まだ一般性に欠けていた。この問題を解決したのが、一九五〇年のナッシュによる非協力ゲーム理論の提案だった（Nash 1951）。非協力ゲームでは、二人以上のプレイヤーが提携することなく、個々独立に行動している。この非協力ゲーム理論は、提携行動によらない人間の社会的行動の分析にも適用の可能性を開くものだった（中山幹夫 2005: pp. 27–32）。非協力ゲームで重要になるのが、「ナッシュ均衡」という概念である。各プレイヤーが選んでいる戦略の組を「戦略プロファイル」と呼ぶことにする。このとき、ひとつの戦略プロファイルがナッシュ均衡であるとは、「どのプレイヤーについても、自分だけが他の戦略に切り替えて利得を増加させることができない」ことを言う（中山幹夫 2005: pp. 29）。

メイナード＝スミスが提案した進化ゲーム理論が目指したのは、ダーウィンによる進化論の基本的考えをゲーム理論を用いて数学的に厳密な形で説明することである。彼は、複数の戦略が与えられているときに、生物体間の闘争ゲームで「進化的に安定した戦略」がどのようなものであるかを、ゲーム理論を用いて示してみせた。このようにして、この「進化的に安定した戦略」がナッシュ均衡に相当することが示されたのである（Siegfried 2006: 第4章）。

ゲーム理論の応用

ゲーム理論は、現実社会の状況を直接分析するというよりも、一種の思考実験として用いることができる。ゲーム理論を用いたふるまいの分析としては、囚人のジレンマがある。この例はよく紹介されるので、君も知っているかもしれない。囚人のジレンマは、非協力二人ゲームのケースである。ここでも、囚人のジレンマを扱うことにしよう。

囚人のジレンマの物語には、さまざまなヴァージョンがある。ここでは、パウンドストーンの描写に従っておこう（Poundstone 1992: 邦訳 p. 155f)。

二人のギャングが逮捕され、刑務所に拘留されている。彼らは互いに情報のやりとりができない状態で独房に入れられている。警察は、重罪で二人を有罪にするだけの十分な証拠は持っていないとする。そのため警察は、それより軽微な罪で二人とも一年の禁固刑に処そうと思っている。しかしここで警察は、両者に次のような取引をもちかける――「もし相手に不利となる証言をするならお前を釈放してやろう。ただしお前のパートナーは、本件で三年の禁固刑に処せられる」。しかし、両者が相手に不利な証言をした場合は、二人とも二年の刑になる。ここで、これら二人の容疑者は、このような警察の考えをすべて知っていたと、この物語では前提することにする。これらの条件を表に表したのが、表9－1である。

表9－1　囚人のジレンマゲームの利得行列

	囚人A		
	証言	取引の拒否	
	0年 / 3年	1年 / 1年	囚人B 取引の拒否
	2年 / 2年	3年 / 0年	囚人B 証言

ここで囚人Aは、Bが自分に不利な証言をした場合をまず考える。このときには、自分が取引を拒否すると刑が重くなるので、証言した方が自分の利得が高くなる（つまり、刑が軽くなる）。次にBが取引を拒否した場合を考えると、このときには自分が証言すると釈放となるので、証言する方が自らの利得が高くなる。こうして、あらゆる可能性において自らの利得を最大にする行動は証言ということになる。同じ理由で囚人Bの場合も、あらゆる可能性において自らの利得を最大にする行動は証言という選択肢だと、判断するだろう。よって、両者が証言するという結論が得られ、これがナッシュ均衡でもある。しかし、この両者が証言するというケースは（この場合には両者の量刑は2年）、両者がともに取引を拒否するという協力的な選択に比べると（この場合には、両者とも量刑は1年）、結果的に両者の利得は低くなることになる。つまり、二人が協力した方が全体としてはより好ましい状態にいたるということはわかっていても、パートナーが自らの利得が最大になるように合理的に行為すると仮定すると、証言という選択肢が選ばれることになる。

このような思考実験は、お互いの信頼が築かれていない非協力的社会状況での私たちのふるまいを説明するのに用いることができる。例えば、いじめについて考えてみよう（細江ほか 2006: p. 18）。二人の生徒が見る前でいじめが起こったとしてみよう。これら二人それぞれには、いじめを止めるという選択肢と見て見ぬふりをするという選択肢との二つの可能性がある。二人でいじめを止めれば、なんとかいじめは阻止できるのではないかと二人とも思っている。しかし、自分ひとりがいじめを止めれば、後で仕返しされるかもしれないとも二人は考えている。だから二人とも、もう一人がいじめを阻止しようとし始めない限り、自分は動こうとしない。二人ともそう思っているので、その結果として、いじめは阻止されないことになる。

このいじめのケースを、国家に対する武力を用いたいやがらせに置き換えてみると、問題はもっと深刻になってくる。すると、武力行使を行う国家に対して、他の国々が何も言えないということなどが導かれる。このように、囚人のジレンマゲームの適用については、軍縮に踏み切れない複数の国家の問題など、様々な適用例を持っている（Poudstone 1992）。また、〈繰り返される囚人のジレンマゲーム〉では、〈一回限りのジレンマゲーム〉とは異なるより協力的な結果が最良の戦略として得られることも知られている。(2)

この囚人のジレンマゲームにも、ゲーム理論の典型的特徴が現れている。ひとつは、与えられた条件のもとでどのような行為選択がなされるかが数学の手法で計算できることである。一方、計算結果はあくまで利得に基づいた合理的意思決定という前提に基づいたものであり、これが実際の人間の活動を説明するものであるかどうかは、この前提が充たされているかどうかに関わることになる。そして、人はゲーム理論が設定するような意味で自らの利得を基準に意思決定する行為者なのか、また、人間はゲーム理論が仮定するような意味で合理的なのか、ということについては、疑問がある。このため、複雑系の科学のような限定合理性を仮定したアプローチなども提案されてきたのである。(3)

ゲーム理論とゲーム体系

本書で私が提案するゲーム体系の理論は、状況に応じた行為空間の設定を記述する理論であり、そこでは利得の設定は考慮されていない。これに対しゲーム理論は、そのような行為空間が規定されるとともに、利得のリストが行為者たちに与えられていると仮定した後に、彼らがそれぞれ与えられている情報をすべて駆使して各自が最大の利益を得ようとしているという条件のもとでどのような戦略がとられるかを示し、どのような平衡状態が存在するかを示す理論である。またゲーム体系の理論は、単にゲームの枠組みを記述するだけで、行為予測に用いることはそのままではできない。あくまで、現実の中にゲーム構造を読み込むことができることを指摘するのが、本書の目標である。

最近では、ゲーム理論を紹介する多くの入門書が出版されてきている。ゲーム理論の研究は、近年ますます発展してきており、経済学、生物学、社会分析などさまざまな分野に適用されてきた（Siefried 2006; 鈴木 2007; 細江ほか 2006）。このようなゲーム理論の持つ一般性は、人間たちの活動のうちの多くのものがゲームとして解釈可能だということを示唆している。

ゲーム理論は、諸ゲームの特性を、純粋に理論的に追究し、整理していく。ゲーム理論は、結果を得るために、プレイヤーたちの合理性などのさまざまな条件を設定して、その結果を厳密に導こうとする。だから、これらの条件が充たされないなら、ゲーム的ふるまいを示す現象でも、ゲーム理論の対象にはならないことになる。

これに対し、私が本書で目指したのは、ゲームの枠組みを、ゲーム理論よりもずっとゆるやかな規定のもとに、さまざまな観点から描いてみることである。そこからは、数学的に興味ある結果は得られないが、このような視点はゲームと人の行動の関係について多角的に考察することを可能にする。また、チームゲームにおける役割分担などの考察は、ゲーム理論ではあまりなされないものだろう。だから、ゲーム理論とゲーム体系の理論は、互いに補いうるアプローチだと、考えていいのではないだろうか。

3　経済活動と法体系
もうかったのはいいけど、税金を払わなくっちゃ

現代社会では、経済活動は法的に制限されている。例えば、詐欺などの不正な取引や株のインサイダー取引などは、法的に禁止されている。つまり、法が規定する行為空間の中から経済主体は自らの行為を選択しなければならない。

法律による経済活動への制約

本章第1節で見たように、現代の法治国家では、売買や雇用という基本的経済活動は、法的に規定されており、通常の経済活動は法が許す範囲内で展開されるのが標準的である。この意味で、法律という規範体系は（あるべき）経済活動に制約を与える。例えば、企業や個人の多くは法に従って税金

を支払わなければならず、これを守らなければ、脱税という罪になる。そしてこの税金は、社会福祉や国家や公務の維持という公共的な目的のために使用される。

また、会社組織などを通した経済活動は、(日本では)商法の規定に従わなければならない。商法は、商法総則、会社法、商行為法、保険法、海商法、有価証券法に分類される。例えば会社法では、会社の種類とそれぞれに対する法的義務を規定している。ちなみに会社法は、株式会社、合名会社、合資会社、合同会社を区別している。また会社法は、会社の設立、組織、運営、管理の形態を規定している(第一条)。さらに会社の支配人の権限なども、会社法により規定されている(第十一条)。

法律は経済活動に制約を与えるが、好ましい経済的状態に到達するためにどのような法律を定めるべきかという問題が逆に生じる。例えば、独占禁止法(私的独占の禁止及び公正取引の確保に関する法律)は、公正で自由で健全な経済的競争を促進するために不公正な取引方法などを規制し、これを禁じている。

経済活動には、短期的価格変動を利用して利益を上げることをもくろみ、株や不動産を売買する投機的行為も含まれる。このような投機的行為のやりとりは、「マネーゲーム」と呼ばれることもあり、ゲーム的性格が強い。また金融商品取引法は、株や国債などの発行や売買について規定し、この「マネーゲーム」を規範的に制約するもののひとつとなっている。

経済活動は、生活水準に向上をもたらす正の特性を持ちうるとともに、貧富の格差の拡張や経済恐慌などという負の特性をも持ちうる。だから、おおむね誰にとっても望ましい状態をもたらすような経済活動を実現するためには、法律による制御が必要になってくるのである。

また、インターネットの普及などの科学技術の進展も、経済活動にさまざまな影響を及ぼしうる。そこで、ＩＴ基本法、不正アクセス禁止法、電子契約法、プロバイダー責任法、迷惑メール防止法などの法律が近年になって制定されている。

経済政策と経済活動

歴史上存在した国家には、さまざまな形態があり、それにより経済活動の形態も異なる形で制約されていた。例えば、封建国家、帝国主義国家、資本主義国家、共産主義国家、などでは、それぞれ異なる経済活動への制約があり、その制約の内部で人々はそれぞれの生活を営むことになる。

同一の国家形態であっても、異なる経済政策がとられることにより、経済活動は変化する。経済政策の転換は経済活動の前提となっているゲーム体系の修正とみなしてもよいだろう。この政策転換を適用される集団に属する人にとっては、いままで当然のこととしてやってきたことが突然禁止されたり、やりたくないことが突然義務化されたりするという変更を引き起こす。また、法律のうちいくつかのものには、行為空間の制約という形で許された経済活動に影響を与えるものがある。それだけでなく、利得率やリスクの確率を変える経済政策もある。進化論的に言えば、法的制約や経済政策の実施により適応度地形（fitness landscape）が変えられ、最良の戦略がこれにともなって変わってくる。

政策転換は、ときに人々の行動を変える。これは、現代に生きる私たちもよく知っていることである。ここで少し、江戸時代の例を見てみよう。江戸幕府では、一七六七年からの約二十年間、老中の田沼意次（1719–1788）の主導のもとで経済政策の改革が行われた。田沼が登場する時代は、享保の改革の年貢増徴策が破綻し、農民による一揆が頻発した頃であった。このとき田沼が行ったのは、商品流通に課税するという間接税を導入することだった（大石 1991: 第3章第2節）。またこの時代は、流通業が商業の中で比重を増した時代でもあった。そして、商業が肥大化するのに対し、武士家計は貧困化していった（深谷 2010: p. 84）。この時代には、生活水準は向上したが、逆にこの発展の犠牲者も増えていた。この政策は、農民の都市への流入をもたらし、農村の荒廃化をまねいたとされている。これらの社会問題の発生もあって、田沼は失脚し、松平定信（1758–1829）が一七八七年から一七九三年にわたって老中となり、寛政の改革を行い、幕府による流通や物価の統制を行おうとした（藤田 2002）。彼はまた、緊縮財政による幕府財産の安定化を目指すことになった。定信は、田沼の重商主義政策を否定し、諸藩の大名には飢饉に備えての食料の備蓄が命じられた。

この例が示すように、法律と政策の変更は人々の生活形態や行為戦略の選択に大きな影響をおよぼすことになる。

4　〈規範とゲーム〉の哲学の意味
やっぱり哲学は大切だ

ここで、本書第一章で扱った言語ゲームのアプローチを再び振り返り、本書で提案した〈規範とゲーム〉の哲学の提案により達成されたものをもう一度評価し直しておこう。

橋爪流言語派社会学の検討

本書第一章でふれたように、社会学者の橋爪大三郎は、ヴィトゲンシュタインの言語ゲーム論を拡張して理解し、これを社会現象に適用しようと試みた。私は、社会理論の基盤として言語ゲーム論を用いるためには、そのような理論はさらに明確化する必要があると、そこで指摘した。そして本書第Ⅱ部、および、第Ⅲ部では、その明確化のひとつの方式を、具体的に示してみせた。

ここで、橋爪の議論で不十分と思われる点を、具体的に指摘しておこう。例えば橋爪は、イスラム教を分析して次のように述べている。

「イスラム教は、ルールブック（『コーラン』）と、審判（ムハンマド）のいる言語ゲーム、だと理解できる。神との契約に従い、『コーラン』ほかにもとづく宗教法（イスラム法）に従うのが、イスラム教徒（ムスリム）の義務である」（橋爪 2009: p. 185）。

本書の規定を用いると、イスラム教はひとつの規範体系を定め、イスラム教徒はこの規範体系が定める行為空間の中で自らの行為選択を行っていると、分析できる。イスラム教の定める規範体系は、礼拝、断食、巡礼などの奨励というように、実生活にも影響を与える具体的なものも多い。橋爪は規範体系とゲーム体系を区別していないが、『コーラン』はゲームの仕方を定めたルールブックというよりも、義務や禁止事項を定めた法典と比較した方がよいと、私は思う。

橋爪はまた、仏教の覚りについて次のように述べている。

「仏教の言語ゲーム（覚りを求める）を実行していると、この原理によって、その人びとにとって、覚りが実在し始める。人びとは、そのゲームの内的視点に立つかぎり、ゲームの前提を疑うことはできない。

覚りが実在するから、覚りを求めるのではない。覚りを求めるから、覚りが実在するのだ」（橋爪 2009: p. 185）。

この箇所も、私なら別の仕方で表現したい。確かに覚りを求める人々の集団は、ある意味で、覚りを実在させる。しかし、その覚りの実在は、集団的に構成されるものである。つまり、その宗教集団の構成員たちは、覚りが実在するという共有信念を持ち、そのためにその宗教集団Gにおいて「覚りが実在する」ことのG－社会的事実が成立することになる。しかしそのようなG－社会的事実は、あくまでその集団の内部でしか成り立たず、これが物理的事実との根本的な違いとなる。つまり、そのような覚りは、その宗教集団を離れては実在しないのである。

ここでも私は、橋爪の指摘の部分的正しさと、その表現における厳密さの欠如を感じる。本書は、精確に規定された枠組みの導入により、このような欠如を補おうとするものでもある。(4)

〈規範とゲーム〉の哲学

規範やゲームについての考察は、本書でもときどき触れたように、哲学、社会学、経済学、心理学などの諸領域でこれまでも展開されてきた。それでも本書での提案には、新しいものがある。まず本書では、規範体系やゲーム体系という枠組みを厳密に規定したことがあげられる。このことにより、法的推論や規範的推論を明確な形で提示し、議論することができた。また、この明示的描写により、ゲームが入れ子になりうるということや、社会組織のゲーム的構造なども、明らかにすることができた。

本書の提案によれば、ある集団における規範の正当性は、その集団における規範体系の承認により社会的に構成されるものである。これはある意味で、ハーバマスが述べた規範の理想的討議をへた合意形成と調和的である(Habermas 1981, 1992)。しかしハーバマスは、物理的事実と社会的事実を区別しなかった。ここに私は、ハーバマスの考察の混乱を見る。彼は、討議をへた合意によって真理が決定されるというコミュニケーション理論を基盤にした真理論をとるので、物理的事象に対する文化相対主義的立場に陥ってしまう。私は、最近の著作でも述べたように(中山 2008, 2009a)、物理的事実と社会的事実を区別し、物理的事実に関する言明に対しては真理の対応説をとる。これに対し、社会的事実に関する言明の真理条件には、その事実が関わる人々の共有信念が入り込むという見解を表明している。しかし、ある集団における規範体系は、その集団における承認を基盤にして成立するので、その妥当性は文化相対主義的になる。つまり、事実や規範の問題については、注意深い場合分けが必要になるのである。

また、ハーバマスの議論は、啓蒙主義的色彩が強く、現実社会の体制に対し批判的である。これに対し、本書の議論では、ゲーム体系の組み合わせによる社会組織の構造分析と、社会組織間の競合関係を進化論的に描写することが、課題となっている。そのため、私の考察は記述的なものとなっている。規範体系やゲーム体系は、ある集団で受け入れられ、実践されるなら、それらは機能する。その意味で、それらの確立は、必ずしも討議により基礎づけられるものではない。逆に、人々が暗黙に従っているゲーム体系もあり、母国語の使用のように、どのような規則に従って自分たちが行為しているかを明示的に示すことが困難な場合もある。

ハーバマスは、個人を基盤として彼らの間のコミュニケーションを軸にして集団のふるまいを説明する戦略を基本的にとっている。私の観点から見ると、これはボトムアップのアプローチであり、トップダウンの観点が欠けている。私は本書第七章で、社会組織とその下位組織とその構成員たちとの自己存続に関する相互依存関係を指摘した。社会組織の問題は、社会組織がその構成員たちに課す行為制約と、構成員たちが与えられた条件の中で選択する行為実践と、それら行為実践がもたらす環境変化とを、すべて考慮して分析されねばならない(5)。

ところで、ハーバマスが言うような討議による合意形成も、ひとつのゲームとして記述できるだろう。討議への参加者たちがプレイヤーであり、このゲームはプレイヤーたちの合意形成とともに終了する。そして行為空間には、主張や論拠提出や反論や異議申し立てなどの行為タイプが含まれていると考えることができる。だとするなら、討議による合意形成も、数あるゲームのうちのひとつにすぎないことになる。

経済学には、ゲーム理論っていう分野があるようだね。きっと、経済活動がゲームを使ってうまく調べられるから、そんな分野が生まれてきたんだね。だけどN（中山康雄）は、ゲーム理論の専門家ではないようだね。ゲーム理論は一種の数学の理論だけど、Nが言っているゲーム体系っていうのは、結構、幅の広いことを言っているみたいだからね。Nにとって大切なことは、人々がゲームをやっていると考えると、そのゲームの中で行動するやり方がすごく限られてくるということなんだ。ゲームなしで考えると何をやっていいか複雑すぎてわからなくても、あるゲームをしてるんだと考えると次にやらなくてはいけないことが見えてきやすいということなんだね。結局、Nが言いたかったことって、だいたいそんなことなんだね。

最後に言語ゲームについて言っておくと、僕らが社会の中でやっているゲームは言語ゲームに限らないと思うよ。僕らは社会の中で生活しながら、もっといろいろな種類のゲームをしているんだ。君も、そう思わないかい。

付録1　規範体系論理学の規定

規範体系を記述する前に、第四章第2節で議論された標準義務論理学を描いておきたい。様相論理学の基盤になるのは、Kと呼ばれる次の基本体系である。ただし、「⇕」は双条件を表わす記号であり、「p ⇕ q」は「pは、qのとき、かつ、そのときに限る（*p* if and only if *q*）」を表わすとする。

（1a）命題論理学の体系
（1b）**必然**（p **ならば** q）**ならば**（**必然** p **ならば** **必然** q）
（1c）pが定理ならば、（**必然** p）も定理である。
（1d）［可能性演算子の定義］**可能** p ⇕（**必然**（pでない））**でない**

標準義務論理学は、この様相論理学Kに、「義務は矛盾を含まない」ということを要請するDと呼ばれる公理を付け加えたものである。また、義務演算子を用いて、許容演算子や禁止演算子を定義することができる。これを形式的に表現すると、次のようになる。

（2a）命題論理学の体系
（2b）**義務（pならばq）ならば（義務pならば　義務q）**
（2c）pが定理ならば、（義務p）も定理である。
（2d）**義務pならば（義務（pでない））でない**
（2e）［禁止演算子の定義］**禁止p⇕義務（pでない）**
（2f）［許容演算子の定義］**許容p⇕（禁止p）でない**

これらは、規範性を規定する公理や定義である。（2a）、（2b）、（2c）は、Kの体系の（1a）、（1b）、（1c）に正確に対応している。だから、標準義務論理学の体系は、（2d）、（2e）、（2f）の規定で特徴付けられていることになる。そしてこれら三規定は、それなりに私たちの規範理解を表現したものとなっている。まず（2e）は、「禁止されているとは、そのことをやらないことが義務だということ」を表現している。そして（2f）は、「許容されているとは、そのことが禁止されていないということ」を表現している。ところで、（2e）と（2f）を用いて（2d）を変形すると「**義務pならば　許容q**」という定理が得られる。つまり（2d）は、「義務であることはどれも、許容されてもいる」ということを表現していることになる。

それでは、標準義務論理学の記述を参考にしながら、規範体系論理学の規定に移ろう。

数学に公理系（axiomatic system）というものがある。規範体系論理学は、この公理系を模範にし、それを「二次元化」したものである。よく知られている数学の公理系には、ユークリッド幾何学がある。そして、確立された数学理論の多くは現代では、公理系の形にまとめられている。公理系は、陳述文（declarative sentence）のみからなる集合である。これに対し規範体系（normative system）は、陳述文と規範文（normative sentence）という二種類の文集合からなる体系である。

陳述文というのは、「AはBである」などというように何かを記述するために用いられる文である。これに対し、規範文というのは、「Aしてもよい」という許可を表わす文や「Aしてはいけない」という禁止を表わす文や「Aしなければならない」という義務を表わす文のことである。規範文の場合、このAのところには、行為を表す語句が入ることになる。

本書第四章第3節に示されている規範体系の規定は、わかりやすく短縮したもので、より正確に表現するとつぎのようになる。[1]

（3a）［規範体系の定義］TとOは文集合とする。Tを「命題体系」と呼び、Oを「義務空間」と呼ぶ。また、TとOの対〈T、O〉を規範体系と呼ぶ。

（3b）［命題文脈の規定］文pが規範体系〈T、O〉の命題文脈に属するのは、pがTから演繹的に帰結するとき、かつ、そのときに限る。

（3c）［義務文脈の規定］文pが規範体系〈T、O〉の義務文脈に属するのは（この省略形を「**義務である**〈T、O〉p」と表す）、pがTの命題文脈には属さず、TとOの和が無矛盾であり、さらに、TとOの和からpが演繹的に帰結するとき、かつ、そのときに限る。

（3d）［禁止文脈の規定］文pが規範体系〈T、O〉の禁止文脈に属するのは（この省略形を「**禁止されている**〈T、O〉p」と表す）、（**pでない**）が〈T、O〉の義務文脈に属するとき、かつ、そのときに限る。

（3e）［許容文脈の規定］文pが規範体系〈T、O〉の許容文脈に属するのは（この省略形を「**許されている**〈T、O〉p」と表す）、pがTの命題文脈には属さず、TとOと{p}の和が無矛盾なとき、かつ、そのときに限る。

（3f）［（規範的）権限の規定］集団Gが規範体系〈T、O〉のもとで行為$_1$を遂行する（規範的）権限を持つのは、（Gの**すべての**メンバーが行為主体である）が〈T、O〉の命題文脈に属し、（Gの**すべての**メンバーが行為$_1$を遂行する）が〈T、O〉の許容文脈に属し、（G以外の**すべての**メンバーは行為$_1$を遂行しない）が〈T、O〉の義務文脈に属するとき、かつ、そのときに限る。[2]

このように規定すると、(3b)〜(3e)の諸規定から明らかなように、規範体系の命題文脈は義務空間から独立だが、義務文脈や禁止文脈や許容文脈という規範に関わる文脈はどれも命題体系に依存することになる。

ここで、この規範体系論理学で成り立ついくつかの基本的定理のうち代表的なものをここで紹介しておこう。これらの定理はどれも、(3)の諸規定からすぐさま帰結するものである。

(4a) ある規範体系で義務であることは何でも、その規範体系で許されてもいる。
(4b) ある規範体系で禁止されていることはどんなものでも、その規範体系で許されていない。
(4c) **義務である**〈T、O〉(p **ならば** q)で、pがTから帰結するなら、**義務である**〈T、O〉q。
(4d) **義務である**〈T、O〉(p **ならば** q)で、**義務である**〈T、O〉p なら、**義務である**〈T、O〉q。
(4e) **義務である**〈T、O〉p で、**許されている**〈T、O〉q で、(p **ならば** q)がTから帰結するなら、**義務である**〈T、O〉q。
(4f) **許されている**〈T、O〉(p **ならば** q)で、pがTから帰結するなら、**許されている**〈T、O〉q。
(4g) **義務である**〈T、O〉(p **ならば**(q**でない**))⇔**禁止されている**〈T、O〉(p**かつ** q)。
(4h) **禁止されている**〈T、O〉(p **かつ** q)で、pがTから帰結するなら、**禁止されている**〈T、

O〉q。

（4 i）**禁止されている**〈T、O〉（p **かつ** q）で、**義務である**〈T、O〉p なら、**禁止されている**〈T、O〉q。

（4 j）**義務である**〈T、O〉（**すべての** $x_1,\ldots,x_n$ について（$P(x_1,\ldots,x_n)$ **ならば** $Q(x_1,\ldots,x_n)$））で、$P(a_1,\ldots,a_n)$ がTから帰結するなら、**義務である**〈T、O〉$Q(a_1,\ldots,a_n)$。

（4 k）**許されている**〈T、O〉（**すべての** $x_1,\ldots,x_n$ について（$P(x_1,\ldots,x_n)$ **ならば** $Q(x_1,\ldots,x_n)$））で、$P(a_1,\ldots,a_n)$ がTから帰結するなら、**許されている**〈T、O〉$Q(a_1,\ldots,a_n)$。

（4 l）**禁止されている**〈T、O〉（($P(x_1,\ldots,x_n)$ **かつ** $Q(x_1,\ldots,x_n)$）を充たす $x_1,\ldots,x_n$ が**存在する**）で、$P(a_1,\ldots,a_n)$ がTから帰結するなら、**禁止されている**〈T、O〉$Q(a_1,\ldots,a_n)$。

（4 m）**義務である**〈T、O〉（p **ならば** q）で、TとOと{p}の和が無矛盾ならば、**義務である**〈Tと{P}の和、O〉q。

（4 n）**義務である**〈T、O〉（p **ならば** q）で、**許されている**〈T、O〉q ならば、**義務である**〈T、Oと{P}の和〉q。

ところで、これらの定理のいくつかのものは、妥当な推論図式として表すことができる。(3) ただし、妥当な推論図式とは、前提が真ならば結論が必ず真になるような図式だとする。例えば、表付1－1の推論図式は、（4 c）の定理に相当するものである。

第四章第3節の推論図式は、いずれも先に示した諸定理を図式の形式に変換して得られるものである。これらの定理や推論図式は、いろいろな規範的推論を実行するのに用いることができる。その適用例については、本書第四章第3節を参照していただきたい。

最後に（4）の諸定理について、その証明をスケッチしておこう。

命題論理を用いて、次の三つの主張は容易に証明できる。（命1）Xが無矛盾であり、Xからpが帰結するなら、Xとpの和は無矛盾である。（命2）Xから（p **ならば** q）が帰結しないなら、Xからqは帰結しない。（命3）（p **ならば**（q**でない**））⇔（p **かつ** q）**でない**。

（4a）は、「**義務である**〈T、O〉p ならば、**許されている**〈T、O〉p」を意味しているが、これは（3c）と（3e）と（命1）から直ちに帰結する。（4b）は、「**禁止されている**〈T、O〉p ならば、（**許されている**〈T、O〉p）でない」を意味しているが、これは背理法を用いて（3d）と（3e）と（命1）から証明できる。（4c）と（4d）は、（3c）と（命2）から帰結する。（4e）は、（3c）と（3e）から帰結する。（4f）は、（3e）と（命1）から帰結する。（4g）は、（3c）と（3d）と（命3）から帰結する。（4h）は、（3d）と（4c）と（命3）から帰結する。（4i）は、（3d）と（4d）と（命3）から帰結する。（4j）は、（4c）と同様の仕方で証明できる。（4k）は、（4f）と同様の仕方で証明できる。（4l）は、（4h）

表付1－1　妥当な推論図式の例

義務である 〈T, O〉
（p **ならば** q）
Tからpが帰結する
――――――――――
義務である 〈T, O〉 q

と同様の仕方で証明できる。（４ｍ）は、（４ｃ）と同様の仕方で証明できる。（４ｎ）は、（４ｍ）と同様の仕方で証明できる。

付録2　ゲーム体系の規定

ゲームを厳密に記述するために、ゲーム体系というものをこの付録では定義したい。ゲーム体系は、規範体系を前提とした体系のひとつだが、ゲームの進行に従い状態が変化し、この状態変化が規範に影響を与えることにその特徴がある。ゲーム体系の記述では、「行為空間」という用語が中核的な役割を果たす。そして行為空間は、与えられた状態における許容された行為タイプの集合として規定することができる。

まず、ゲーム体系の概念を次のように規定する。

（1a）［ゲーム体系］ゲーム体系は、初期状態とゲーム進行中の状態とゲームの終了条件が明確に規定できるような体系である。また、ゲーム中の一手の直後に形成される状態は、プレイヤーがゲーム体系に従って遂行する行為に依存して定まる。そして、許容されている行為タイプを表す行為空間は、ゲーム進行とともに変わることがある。

（1b）［〈G－ゲーム体系〉の定義］あるゲーム体系が〈G－ゲーム体系〉であるとは、そのゲーム体系が集団Gで承認されているということが、Gの共有信念になっているということである。また、集団Gのすべての構成員は、ゲームに参加している間は、そのゲーム体系を構成する行為空間から行為タイプを選択し実行に移すことを試み、禁止空間に含まれる行為タイプに関しては、それが実行されないように努める。

ゲームのひとつのタイプとして、一人ゲームの体系がある。典型的な一人ゲームの体系は、次のように描写できる。

（2a）［初期状態］初期状態は、ゲームの出発点における状態である。

（2b）［行為空間算出関数f］行為空間算出関数は、与えられた状態からプレイヤーの行為空間を算出する関数である。行為空間はしばしば、前提にされている規範体系により規定され、この規範体系はルールブックなどに記載される。

（2c）［行為選択］与えられた状態に対応する行為空間からひとつの行為タイプを選択し、これを実行することにより、行為選択は実行される。

（2d）［状態算出関数g］状態算出関数は、先行状態とプレイヤーの先行行為から規定される状態を算出する関数である。基本的に、先行状態を始点にとり、それに先行行為を適用することにより次の状態が得られる。

（2e）［終了条件］ゲームが終了する条件を規定する。場合によっては、ゲーム終了時にゲームの勝ち負けが定まる。

典型的ゲームは始めと終わりを持つため、初期状態と終了条件が必要になる。また、一人ゲームの規定は、図付2－1のように、ひとつのアルゴリズムとして図式的に表わすことができる。このようにゲームは、（2a）から出発して、（2b）、（2c）、（2d）という手続きの連鎖を繰り返し、（2e）の条件が充たされた時点で終了するという過程をたどる行為空間内での行為連鎖として解釈できる。

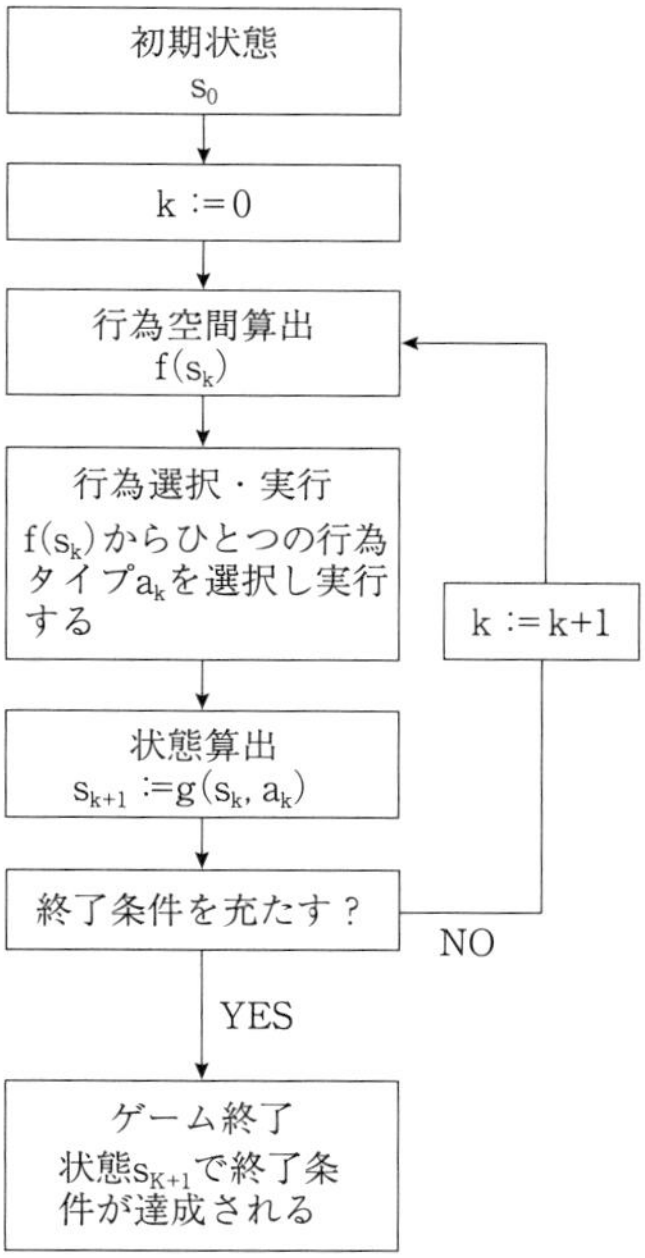

図付2－1
一人ゲームのダイアグラム

この図付2－1では、状態はskで、行為空間算出関数はfで、状態算出関数はgで表されている。一人ゲームでは、行為が遂行されるごとに状態遷移が起こり、ゲームが進行していく。

このように、一人ゲーム体系は、状態と行為空間と行為選択を規定することにより定義できる。二人ゲームでも、この基本構造は変わらない。例えば、二人ゲームの状態算出関数と行為空間算出関数の計算方法は、一人ゲームの場合と比べて基本的な相違はない。多くの二人ゲームでは、例えば将棋型のゲームでは、一方のプレイヤーが行為を遂行しているときには、他のプレイヤーは相手の行為遂行が終了し、状態が改訂されるのを待ってから、自分の行為を選択することになる。このように、二人ゲームでは、手番に関する規則も考慮しなければならない。

（3a）［初期状態］ゲームが始まるときの状態を規定する。

（3b）［行為空間算出関数f］ fは与えられた状態からプレイヤーの行為空間を算出する関数である。将棋型の二人ゲームでは、どの時点でもたかだか一人のみが、ゲーム内的行為を遂行していることになる。つまり、将棋型の二人ゲームでは、手番が相手にあるときには、自分の行為空間は空になる。

（3c）［行為選択］行為空間からひとつの行為タイプを選択し、これを実行することにより、行為選択は実行される。

（3d）［状態算出関数g］ gは先行状態とプレイヤーの先行行為から規定される状態を算出する関数である。基本的に、先行状態を始点にとり、それに先行行為を適用することにより次の状態が

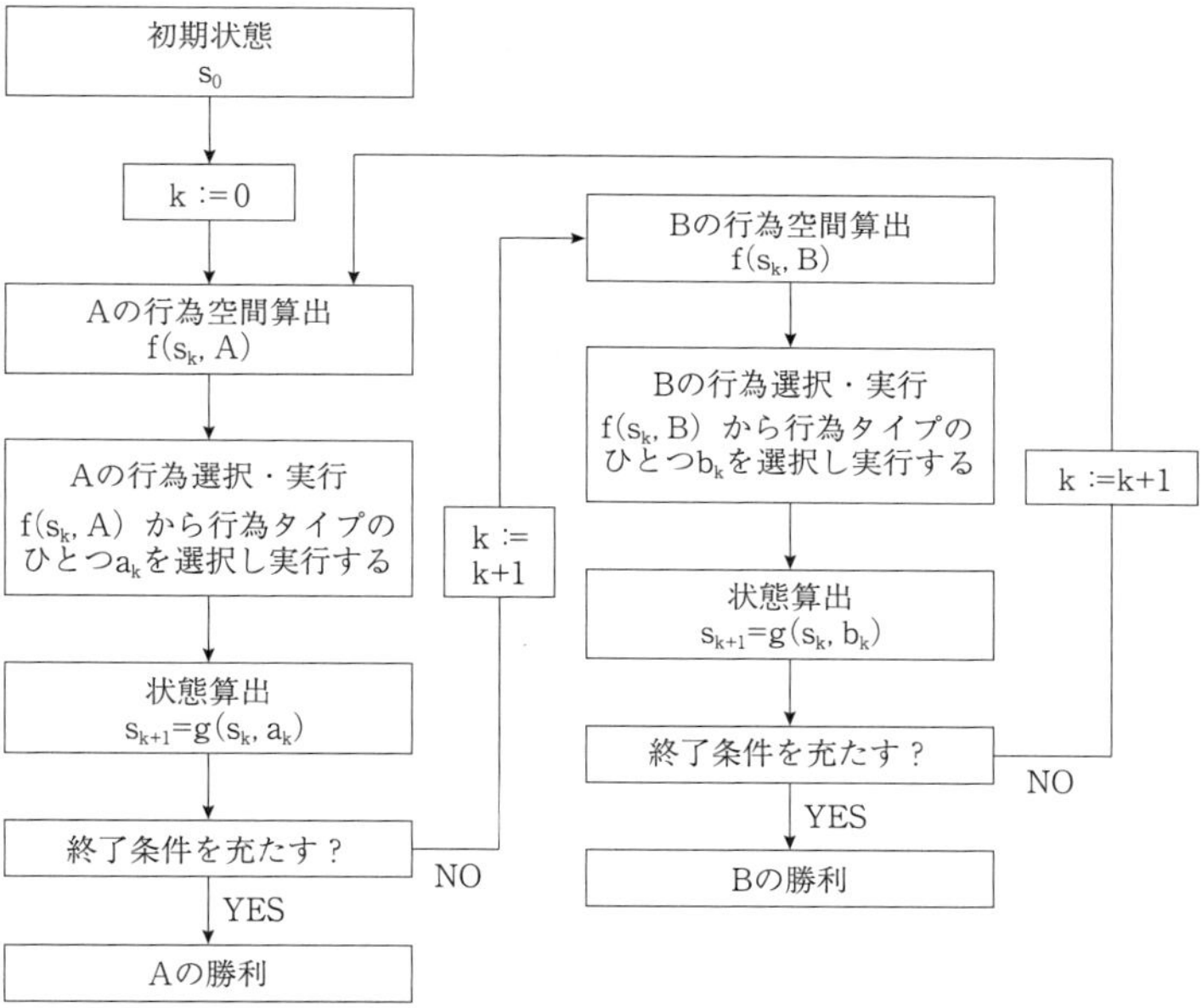

図付2－2　二人ゲームのダイアグラム

得られる。

（3e）［終了条件］ゲームが終了する条件を規定する。

将棋型の二人ゲームにおけるゲーム進行を図で表すと、図付2－2のようになる。

ここでは、第五章で規定されている野球というゲームの記述をもう少し精確に描いておくことにする。それは、次のように記述できる。

（4a）［枠組み］野球は二つのチームで争われるが、チームは構造を持った集団である。ひとつのチームは九人のプレイヤーからなり、ピッチャー、キャチャーなどの守備の役割がそれぞれ決まっているとともに、攻撃の際の打順も決まっている。得点は、一人のバッターが三つの塁を回った後にホームベースを踏むごとに、一点ずつ加点される。審判の判定はゲームの中では絶対的であり、誰もくつがえすことはできない。ただし、指名打者制をとるゲームととらないゲームとがある。

(4b) [初期状態] 状態は、スコアボードで表わされる。初期状態は、チーム名とバッター順と守備配置が明記され、1回表1番バッターの打順で、得点、アウト・カウント（o)、ストライク・カウント（s)、とボール・カウント（b）は、すべてゼロに設定される。

(4c) [Xチームの一員Yの行為空間] Xチームに属する選手Yに対する行為空間は、Xが攻撃か守備か、Yがどのような役割にあるかにより異なる内容で規定される。Xチームが攻撃しているときには、Yは自分が打順の場合だけバッターとして立つことができ、塁に出る可能性を持つ。Yが塁に出ている場合には、盗塁を試みることが許されている。Yがベンチにいるときは、ゲームに関連するYの行為空間は空となる。Xチームが守備を担当している場合には、Yは自分に割り当てられたポジションを守る。特にピッチャーは特別な役割を持ち、相手方のバッターが打席に立っているときにホームプレートに向かってボールを投げ込まねばならない。

(4d) [Xチームの一員Yの行為選択] Xチームに属する選手Yは、その状況で設定された行為空間からひとつの行為タイプを選択し、これを実行することによって行為選択は実行される。ただし、行為の首尾よい実行のためには、そのためのスキルが要求される。

（4e）［状態算出関数］先行状態を先行行為の結果を取り入れて更新する。アウトはひとつずつ増えていき、三つになると、攻撃と守備が入れ替わる。三つのアウトの後には、n回の表では、n回の裏となり、n回の裏では、（n＋1）回の表となる。また、攻撃チームに得点が入ったなら、その時点でそのチームの先行得点に新しく得られた得点を加算する。

（4f）［終了条件］九回表以降に一方のチームの得点合計が他のチームの得点合計よりも確実に多くなることが判明した時点で、ゲームは終了し、得点の多いチームが勝ちとなる。例えば、九回表終了時点で、後攻のチームの得点が先攻のチームの得点より多いならば、すでに九回裏以降に得点が多くなることは確実なので、この九回表終了時点でゲームは終了する。

このゲーム体系の規定は、野球のルールブックに書かれている内容のうち重要なものをゲーム体系の形式にまとめたものである。

註

まえがき

（1）分析的形而上学は、伝統的形而上学の根本問題を分析哲学特有の厳密な方法で解明する領域であり、二十世紀末から英米系の哲学を中心に盛んになっている。日本でも、柏端達也らの編集による『現代形而上学論文集』（2006）やT・サイダーの『四次元主義の哲学』（2003）やA・コニーとT・サイダーによる『形而上学レッスン』（2005）が翻訳されている。また、日本人による分析的形而上学の著作としては、加地大介の『穴と境界』（2008）や拙著『現代唯名論の構築』（2009）などがある。

（2）分析的形而上学のひとつの柱は存在論だが、そこには、社会存在論だけでなく、〈環境の存在論〉などというものも含まれている。環境の存在論については、河野哲也らの編集による『環境のオントロジー』（2008）が参考になる（河野 2008; 中山 2009b）。

（3）この大型プロジェクトというのは、玉川大学グローバルCOEプログラム「社会に生きる心の創成――知情意の科学の再構築」（2008–2013）、および、大阪大学グローバルCOEプログラム「認知脳理解に基づく未来工学創成」（2009–2014）のことである。前者については、本書第五章第1節における「ゲーム活動の神経科学的基盤」についての議論が深く関係している。そして、二〇〇九年の日本科学哲学会発行の学術誌『科学哲学』第42–2号では、「脳科学と社会」というテーマの特集が組まれている。また、大阪大学のGCOEについては、石黒浩『ロボットとは何か』（2009）や浅田稔『ロボットという思想』（2010）などが参考になる。ちなみに私個人も、この阪大GCOEに参加する研究者の一人である。なお、この関連の私の報告論文などとしては、Nakayama *et al* (2010)、中山（2010c）、中山・福田

(2010) などがある。そして二〇一一年には学術誌『科学哲学』で「ロボット工学と哲学」というテーマの特集が企画されている。私自身は、規範体系やゲーム体系の枠組みをロボットの「脳」に組み込むことにより、ロボットに社会性を持たせることを夢見ている。また、社会の中で活動するようなロボットは、ある程度、社会的規範を理解できなくてはいけないとも、考えている。だから本書も、社会性のあるロボット構築のために理論的基盤を提供する形で寄与できるのではないかと、期待している。ただし今のところ、この私の構想は単なる夢物語に終わっているようである。

(4) メタ倫理学というのは、道徳概念や道徳判断の諸性質を哲学的考察により解明しようとする倫理学の一分野である。一九五〇年代のヘアは、普遍的指令主義 (universal prescriptivism) をとっており、道徳判断は普遍化可能な指令であるという立場をとっている (Hare 1952)。

第一章

(1) 『論考』で提示されている形而上学的考察についての私の見解については、中山 (2008, 2009a, 2010b) を参照のこと。

(2) 私自身のゲームに関する考察については、本書第Ⅱ部の議論を参照してもらいたい。

(3) ここでの訳文は、ウィトゲンシュタイン全集 (大修館書店) 第5巻を用いているが、理解しやすくなるように部分的に訂正した。

(4) 『論考』が制度の問題や心の問題や倫理の問題を扱えない構造を持っていることは、中山 (2008) 第二章第3節で指摘した。

(5) ここで言う「全体論」は、「一規則の意味は、その規則が含まれている全規則体系を前提にしてはじめて定まる」と主張する立場のことである。全体論については、拙著『言葉と心』も参考になる。

(6) この訳は、ウィトゲンシュタイン全集 (大修館書店) 第8巻に従っている。

(7) このことは、『共同性の現代哲学』第六章第3節などでも指摘されている (中山 2004)。

（8）クリプキは、言葉の意味が存在するという事実があることについて懐疑的議論を展開した。そして、この意味に対する懐疑に対し懐疑的解決を提案した。この懐疑的解決の要点は、「私以外のひとが私の言葉を受け入れてくれることによって、私の言葉は意味をもつ」（飯田 2004: p. 92）ということにある。

（9）私は、『言葉と心』第八章第2節で固有名の指示の固定に関して権威の果たす役割を議論した（中山 2007）。また、『科学哲学入門』第九章第2節では、知の伝承において権威がはたす役割を指摘している（中山 2008）。

（10）ハートは、ヴィトゲンシュタインの『青色本』を謄写版という形で友人のポール（G. A. Paul）から借りて読んでいる。また一九三〇年頃ヴィトゲンシュタインと親交の深かったヴァイスマンともハートは親密に交流している（中山竜一 2000: p. 42）。

（11）この内的視点と外的視点との区別は、心の哲学などで論じられる一人称的視点と三人称的視点の区別にほぼ対応している。

第二章

（1）「speech acts」は、哲学では「言語行為」と訳されることが多いが、言語学では「発話行為」と訳される場合もある。

（2）フランクフルト学派は、ドイツのフランクフルト大学の社会研究所で一九三〇年頃、マックス・ホルクハイマー（M. Horkheimer, 1895–1973）やテオドール・アドルノ（T. L. W. Adorno, 1903–1969）らによって始められ、社会に対する批判的姿勢を軸とした社会理論と哲学的考察を特色としている。ハーバマスは、フランクフルトの第二世代に属する。

（3）本書第二章の第2節と第3節の議論は、二〇〇五年度科学基礎論学会大会での発表原稿「ハーバマスの普遍語用論の検討」（安本英奈・中山康雄）に基づき、これを修正・加筆したものである。

（4）ハーバマスは後に、「普遍語用論」のことを「形式語用論（formale Pragmatik, formal pragmatics）」と呼ぶようになった（Habermas 1981: 第三章）。彼はこのとき、形式意味論（formal semantics）との対比を念頭においている。彼は、言語の形式的分析において、言語の語用論的次元の形式的探究は、形式意味論と同様に重要だと考えている（Cooke 1998: p. 2）。

（5）例えば、ハーバマスが提案した道徳的妥当性の理論や真理の語用論的理論などが批判された（Cooke 1998: pp. 12–15）。また彼は、多くの批判に対して自らの著作の中で応答するとともに、必要があれば自らの理論に、随時、修正を加えている（Habermas 1998）。

（6）Habermas（1991）は、Habermas（1988）の第二部「語用論的転回」に収録されている三番目の論文の英訳である。この第二部には、他に「ハーバマスの言語行為論」に関する二篇の論文が収められている。

（7）私たちは、お互いをよりよく知り合うためにとか、ブレインストーミングのようになるべく多くのアイディアを出し合うためにとか、仕事の分担を決めるために会話することがある。

（8）同様の批判は、ニクラス・ルーマン（N. Luhman, 1927–1998）もしているようである（中岡 2003: p. 124）。

（9）ハーバマスのコミュニケーション的行為は、マックス・ウェーバーの目的合理的行為の概念の不十分性を克服するために導入されたものである（Habermas 1981: 第一部第三章）。しかし、私が用いる「目的合理的行為」という用語は、元来、素朴心理学における理由に基づいた行為を指している。また私は、相手に理解してもらうことも発話という行為の目的の一つだと思うので、了解指向型の行為は成果指向型の行為に属さないとするハーバマスの議論は成功していないと考える。そして、中山（2004）は、合理的行為者の描写から出発し集団的志向性を媒介として社会の成立までを説明付けることを試みている。つまり、本書における目的合理的行為は、そのような合理的行為者によって遂行される特定の目的達成を目指した意図的行為を指している。また、経済学などで用いられるゲーム理論も、たいていの場合は、プレイヤーを目的合理的主体として前提している（本書第九章第2節）。付け加えておくと、ここで私が導入した「規範的制約」は、本書第Ⅱ部で議論される規範体系とゲーム体系による制約のことを指している。

(10) 以下の引用における「妥当性条件(validity conditions)」は、サールの説明における「真理条件(truth conditions)」や「充足条件(satisfaction conditions)」および真理の対応説に対立させて、ハーバマスが提起するものである。妥当性要求は、ある発言の妥当性条件が満たされているという主張にほかならない(Habermas 1981: Band 1 p. 65)。

(11) 拙著『科学哲学入門』(2008) 第2刷における「社会的事実」の規定は、『共同性の現代哲学』(2004) で提案された「制度的事実」の規定の不十分性を修正するために導入された。

(12) オースティンやサールの言語行為論の不十分性は、『共同性の現代哲学』(2004) の第三章第3節にまとめられている。彼らの言語行為論の限界の主なものには、複数の異なる役割を持つ複数の聞き手に対してなされる言語行為の分析が困難なことや、一連の行為連鎖の中に位置づけられた複数の発話を統一的に扱うことが困難なことなどがあげられる。

(13) 独裁政治のような、既存の権威に基づく政治は、この政治を続行させるという目的のために既存の妥当性前提への批判を封鎖しようとする。だから、民主主義国家においては、この民主主義的体制を維持するためにも、妥当性前提に対する批判の権利を、常に保証し、実質化させなければならない。この権利は、「言論の自由」に相当する。

(14) ハーバマスの言語行為の分類には問題があり、様々に批判されてきた。例えば、トゥーゲントハットは、コミュニケーション的行為の概念が、行為の構造ではなく、合意形成を指向するという心的態度により特徴付けられることが不適切だとしている(Tugendhat 1992: p. 440)。

(15) トゥオメラも、共同行為の規定を体系的、かつ、詳細に、分析している(Tuomela 2002)。

(16) 特に、Habermas (1992) においては、この傾向は顕著である。そこでは、カント流の実践理性が破壊された現代にあって、それに取って代わるものとしてコミュニケーション的理性が位置付けられる(第1章)。私は、ハーバマスのコミュニケーション的合理性は、認知科学の検証に耐えうるような心の基礎モデルとしての実質的内容を持っていないと考える。

第三章

(1) 私個人は、『科学哲学入門』(2008) 以来、「社会的事実」という用語を基盤にし、制度的事実を社会的事実の特殊事例として扱ってきた。「日本経済がいま不況に陥っている」という文は、私の見解では、制度的事実ではなく、社会的事実を表現していることになる。また私は、社会的事実を社会的基礎事実を前提にして成り立つ事実とし、社会的基礎事実を共有信念を使って規定している。このように規定すると、サールがここで論じているような問題は生じない。

(2) 精確には、発語内行為の適合性方向だが、ある言語行為の適合性方向はその発語内行為の適合性の方向によって定まるとすれば、このようにも言える。

(3) サールが『製作』の第八章「人間の権利」で論じているのは、「〜としての権利ではないような、普遍的な人間の権利というものはあるのか」という問題である。

(4) サールは『製作』の第七章第2節「フーコーと生権力」で、ルークスの議論を参照しながら(Lukes 2005)、パノプティコン(panopticon)に現れる権力行使の状況について考察している。パノプティコンというのは、フーコーの『監獄の誕生』(1975) に現れる監獄モデルであり、もともとイギリスの功利主義の哲学者であるジェレミ・ベンサム(J. Bentham, 1748–1832) が考え出したものである。このシステムでは、周囲には円環状の建物が、そして中心には塔が配置される。円環状の建物は独房に区切られており、収監者がそこで生活している。塔の中には管理人が配置されており、管理人はそこから独房の中の様子を監視することができる。しかし、独房の中からは、塔に人がいるかどうか確かめることができない。そこで収監者たちは、自分が見られている可能性を考慮して自分の生活を組み立てることになる。これがだいたいの、パノプティコンについての説明である（Searle 2010: p. 153f, 檜垣 2010: p. 102）。フーコーの生権力の問題をサールは、権力の特徴づけの（1 e）における考察で考慮しているように思われる。つまり、権力行使についての既知の意見でさえも、権力行使として機能し、人々の行為を義務論的に制約できることを、サールは認めている。

第四章

（1）ヘアは、『道徳の言語』執筆の後も倫理学の研究を続け、『道徳的に考えること』（1981）を著わしている。この著作における主要な主張は、メタ倫理学説としての普遍的指令主義から規範倫理学説としての功利主義がある意味で導かれるということにある（内井 1994: p. 348）。

（2）伊勢田哲治は、倫理学をメタ倫理学、規範倫理学、応用倫理学の三つの分野に分類している（伊勢田 2008: p. 7）。本書の理論的試みに特に関係するのは、メタ倫理学である。メタ倫理学は、「倫理とはどういう尺度か、倫理的価値判断はどういう判断か」という基本的な問いを追求する。またメタ倫理学は、道徳に関する思考や語りや実践についての形而上学的・認識論的・意味論的・心理学的前提やコミットメントを理解する試みである（Sayre-McCord 2000: p. 1）。メタ倫理学の問いにはいろいろなものがあるが、本書に関係するのは、「道徳的基準は文化依存的なものなのか？」、「道徳的事実なるものはあるのか？」「道徳的事実があるとしたなら、それは幸福や人間の規約などとどのように関わるのか？」などである。私の考えは、道徳的規範は規範の一種であり、規範が何であるかを明らかにすることにより明らかにされるというものである。それは、自然主義的道徳観に近いものと言えよう。

（3）論理記号に不慣れな人のために、様相演算子や論理結合子という論理記号は、本書では、日常用語のゴシック体で表すことにする。必然性演算子□は「**必然**」で表され、可能性演算子◇は「**可能**」で表されている。また、実質含意の論理結合子「→」は、「**ならば**」で表され、否定の論理結合子「¬」は

「**でない**」で表されている。（1b）で表されている論理式は、標準的には「□（p→q）→（□p→□q)」と書かれるものである。

（4）ここで行為タイプというのは、行為トークンと対比して使われている。例えば、手紙を書くという行為は、何度も実現されうる行為タイプのひとつだが、今日手紙を書いたという行為は今日実現された特定の行為トークンである。義務が表す行為は、いつ誰が実現するか規定されていないので行為タイプということになる。

（5）授業でこの規範体系論理学を紹介したところ、学部生の赤松祐太郎から次の指摘があった。興味深いものなので、ここでこの指摘の趣旨を記しておく。pを一般的に受け入れられた義務文とし、（p**ならば**q）が新たに発見された事実で、qで表された行為が許されているとすると、ここからqが義務文として帰結する（付録1の（4e）を参照のこと）。このことは、価値中立的な事実が既存の規範とともに考慮されることにより、新たな規範が創出されることを意味している。このことは、規範体系論理学が、環境倫理や医療倫理のように新たな事実の発見や技術開発と結び付いた現実の議論に適用できることを示している。例として、癌細胞摘出手術の適用を単純化して考えてみよう。「医者は、自分のできる範囲で、患者が健康を維持するのを助ける義務がある。ところで、癌患者の癌細胞摘出手術がなされないなら、その患者は健康にならない。また医者には、癌細胞摘出手術をすることが許されているとする。すると、付録1の（4e）から、医者は、自分のできる範囲で、癌細胞摘出手術をする義務があるということが帰結する」。そして、このような手術の義務は、医療技術の進展とともに新しく生まれたものである。

（6）法体系Lからは、何が犯罪であるかが帰結する。そして、「いかなる犯罪も、犯してはいけない」という禁止を受け入れ、法体系Lを受け入れるなら、何をしてはいけないかが帰結する。

第五章

（1）しかし、人生全体を、誕生で始まり死で終わるゲームとして解釈することができるというのも事実である。このようなとき人生は、多様な部分ゲームを内に含んだ複合的ゲームとして捉えることができる。

（2）共有信念の詳しい規定については、中山（2008）第八章第2節を参照のこと。

（3）モデルフリーシステムの例としては、パブロフ型条件付けやＴＤ学習（Temporal Difference Learning）などがある。ただしＴＤ学習というのは、状態の評価値に対する実際の行動の誤差をゼロにするよう学習を進める方法である。

（4）安藤明人は、ニホンザルにおける社会的グルーミングのパターンが、一年間の周期で変わっていることを報告している（安藤 1998）。安藤は、社会的グルーミングの意味を次のように説明している――「このようにみてくると、社会的グルーミングは、他個体に対する社会的サービスである以上に、血縁あるいは年齢の近さといった生物学的属性を利用しながら、優劣順位制という階層的秩序の中で自己の存在を確保し、そのさらなる拡大を図るきわめて巧妙な適応戦略であるということができる」（p. 13）。

（5）本書第三章第3節の議論で見たように、サールは、ゲームは言語を前提とするとしている（Searle 2010: p. 114f）。しかしそこで議論したように、経験的事例はこのサールの主張に反している。

（6）情報完備ゲームとは、ゲームのルールがすべてのプレイヤーの共有知識であるようなゲームのことである。

（7）ゲーム体系の中には、無限の循環を生み出してしまうものがある。そこで将棋のようなゲーム体系は、千日手の禁止などの引き分けの規則を導入することで、この無限循環を避けている。また、このような引き分けに関する規則は、終了条件の中で表現することができる。

そして、論理学や数学も、ゲームとして記述できる。それは、証明には、初期状態と終了状態があり、証明に許されている行為タイプの集合が一意的に定められているとともに、推論規則の適用による状態遷移が一意的に定義されているからである。しかし本書では、この問題は詳しくは扱わないことにする。

（8）共同行為については、『共同性の現代哲学』第六章などで与えられている共同行為の説明を参照のこと（中山 2004)。

（9）第一章で見たように、ヴィトゲンシュタインは、ゲームは指示対象を持たないと主張した。しかし、「アウト」を宣告する塁審は、「この行為はアウトである」というように世界の中で実際に実行された行為を暗に指示している。

第六章

（1）西アフリカのある村で、猪が大量に出現し、畑を荒らすということが起こった。それでもなお、飢えに苦しんでいるイスラム教徒の村民たちは、ただ猪を追い払うだけで、猪を殺したり、食べたりしなかったそうである（竹沢 2007: p. 52f)。

（2）ミードは、この自己と他者の相互関係を「主我(I)」と「客我（me)」の二概念を使用することにより、『精神・自我・社会』で描こうとした(Mead 1934, Habermas 1981: 邦訳（中）pp. 227–236; 加藤 2008)。これに対し、私の本書での試みは、システムの中の行為主体というように、行為との関わりの中で主体を捉えようとするものである。

（3）この融合体の問題は、『現代唯名論の構築』第2章第4節や論文「形而上学から科学技術論へ」でも論じられている（中山 2009a, 2011)。

（4）以下のｉＰＳ細胞研究に関する記述は、主に二〇〇八年九月発行の雑誌『Ｎｅｗｔｏｎ別冊』に従っている。

第七章

（1）人の同一性（personal identity）の問題は、従来はよく、「人格の同一性」と訳された。しかし、人格という語は、人物ではなく、その人物が持つ性質を指しており、「person」の訳としては適切でない。

（2）集団的記憶については、モーリス・アルヴァックスなどの議論を参照のこと（Halbwachs 1950)。

（3）誰もが、期待された役割をはたせるわけではない。引きこもりやうつ病などは、ある意味で、社会的ゲームからの逸脱である。

第八章

（1）判決三段論法は、しばしば、「法的三段論法」とも呼ばれる。

（2）ここで、Tには私たちが日常で受け入れている理論＋法的用語の定義や刑法の規定が含まれるとし、刑法*には刑法に記載されている規範文が含まれているとする。

（3）選言命題というのは、「p **または** q」というように、「**または**」という論理結合詞を含んだ文のことである。

（4）以下の描写は、裁判所ウェブサイト（http://www.courts.go.jp/）をもとにしている。

第九章

（1）サールは、存在論的客観性（ontological objectivity）と認識論的客観性（epistemic objectivity）を区別している（Searle 1995: pp. 8–12）。サールによれば、社会的に構成された事実は、存在論的には主観的であっても、一個人の判断に依存していないという意味で、認識論的には客観的となる。

（2）囚人のジレンマのゲームは、繰り返すことができる。「繰り返しゲームでは、現在の行動が将来のゲームのプレイに影響を与えるため、プレイヤーは将来を予想して現在の行動を選択することになる。囚人のジレンマの繰り返しゲームでは、自分が裏切ると次回以後相手から仕返しされるため、協力を続けることが双方にとって有利になる可能性がある」（岡田 2008: p. 135）。

（3）塩沢由典は、『市場の経済学』（1990）において、一般均衡論を否定し、経済を非平衡定常系として捉えることを提案し、複雑系の経済学の構想を述べている。しかし、メイナード＝スミスによる進化ゲーム理論の提案に見ることができるように、ゲーム理論でも動的発展が描けるようになってきている。

（4）中川敏も『言語ゲームが世界を創る——人類学と科学』（2009）において言語ゲームを用いた文化の説明を試みている。中川の科学知識の扱い方は、社会構成主義的であり、文化相対主義的である。中川は、「ゲームは世界を創」り出し、そのため、「ゲームの数だけ世界がある」と主張する（p. 225)。しかし、私たちが新しいゲームに接し、そのゲームに入り込むことができるのは、他のゲームを行う人々と私たちが同一の世界にいて、（物理的かつ社会的）相互作用に巻き込まれているためではないのか？ 私は、このような考えを「世界内存在のテーゼ」と呼んでいるが、詳しくは『現代唯名論の構築』(2009）第1章を見てもらいたい。

(5) ルーマンは、ハーバマスとは逆に、トップダウンの傾向が強く、ボトムアップの視点が欠けていると私は考える。ただし私自身は、ルーマンの議論をよく理解できないので本書で議論することは差し控えた。また中岡成文は『ハーバマス』(2003）第六章で、ハーバマスの討議論理学に含まれる問題を、さまざまな代表的批判も紹介しながら議論している。

付録1

(1) ここでの規定は、Nakayama (2010) での規定に修正を加えたものである。

(2) この規定は弱すぎるかもしれない。権限を表現するためには、効果的に宣言を発することとの関係を明らかにしておくべきだと思われる。そのためには、規範体系論理学だけでなく、社会的事実に関する理論なども必要になるだろう。

(3) 精確に言うと、この推論は規範体系論理学の内部ではなく、自然言語というメタ言語の中でなされる推論である。

あとがき

人にはそれぞれ癖のようなものがある。僕は以前には、自分自身は本を書くのには向いていないように思っていた。その頃僕は、厳密さにこだわり、人に理解できないようなこだわりの強い論文を主に書いていた。本書は（だいたいにおいて）僕の七冊目の単著となるので、ひょっとして本を書く才能が自分にはあるのかもしれない。いずれにせよ、他の人と比べると、書くのが早いことが幸いしているようである。ドイツで哲学を勉強していた頃、よくページ数の多いレポートを提出して先生たちにあきれられていたことがあった。人生はおかしなもので、何が幸いするかわからない。僕は、十代のはじめには発明家になることを望み、十代の半ばでは物理学者になることを夢み、十代の終わりには小説家になる道についても考えていたことがある。結局そのどれにも挫折したが、それらの試みは別の形で生かされたのかもしれない。いまは自分の好きなことをして生活できているので、とても幸運だったと思う。

三月に東日本大震災が起こり、引き続き、福島第一原子力発電所の事故があった。規範を論じる本の著者として何かを言っておかなければならないだろうか？　僕が言えることはせいぜい次のことである。「がんばろう！　日本」という標語にもあるように、この災害の負担が東北地方の人々だけにかたよることなく、日本全体に分配され、日本全体でこの災害をともに支えなければならないだろう。

またこの災害とともに浮かび上がってきたのが、政治の混乱である。本書では政治の問題を扱わなかったが、政治の場面にもゲーム構造を読み込むことができる。首相や首相によって任命された大臣たちは、法律が定めた行為空間の中で自らの任期中に「国民のための政治」を実践することを目指す。内閣はひとつのチームのように結束して活動し、各省庁はそれぞれに分担された課題を着実に解決していかなければならない。しかしそのような政治的行為も、首相と内閣が生き延びるための行為と場合によっては見分けがつかなくなる。また、チームの諸部分が独立に結束して活動し、全体のふるまいがばらばらになるということも起こりうる。

妻があるとき、僕の本のあとがきに自分が登場してこないことをなげいていた。しかし、僕が本を書くことに関して妻が貢献してくれたようには思われない。それでも、僕の生活がそれなりにおもしろい側面を持ち続けていることに関しては妻に感謝したい。また僕の母は、まだ元気でいて、読書を楽しむとともに、趣味の俳句を続けている。すでに相当の高齢なのに、新しいことに関心を向け、学び続けようとする姿勢には頭が下がる。

なお本書に関わる研究は、グローバルCOEプログラム「認知脳理解に基づく未来工学創成」、科学研究費補助金基盤研究（C）「現代唯名論の理論的および応用的研究」（研究代表者：中山康雄）、科学研究費補助金基盤研究（B）「メレオロジーとオントロジー——歴史的分析と現代的探究」（研究代表者：松田毅）からの支援を受けたものである。ここに記して謝意を表す。また本書の構想はもともと、勁草書房編集部の徳田慎一郎氏に『科学哲学入門』（2008）の次の著作として提案してはじまった。そして今年に入り、土井美智子氏に担当が引き継がれた。土井氏からは、読みやすく論点がはっきりとした構成をとるための具体的指摘がいくつかなされ、それを考慮して草稿を修正し、本書は完成した。編集にたずさわった両氏に、この場をかりて感謝したい。

二〇一一年七月

中山康雄

人名索引

あ 行

か 行

さ 行

た 行

な 行

は 行

ま 行

や 行

ら 行

わ 行

事項索引

あ　行

か　行

さ　行

た　行

は　行

ま　行

や　行

ら　行

文献表

安藤明人（1998）「社会的グルーミングの構造と機能」糸魚川直祐・南徹弘（編）『サルとヒトのエソロジー』培風館.
浅田稔（2010）『ロボットという思想——脳と知識の謎に挑む』日本放送出版協会.
Austin, J. L.（1962）*How to Do Things with Words*, Harvard University Press.（坂本百大（訳）（1978）『言語と行為』大修館書店）.
Butler, J.（1990）*Gender Trouble: Feminism and the Subversion of Identity*, Routledge.（竹村和子（訳）（1999）『ジェンダー・トラブル——フェミニズムとアイデンティティの攪乱』青土社）.
Clark, H. H.（1996）*Using Language*, Cambridge University Press.
Conee, E. B. and Sider, T.（2005）*Riddles of Existence: A Guided Tour of Metaphysics*, Oxford University Press.（小山虎（訳）（2009）『形而上学レッスン——存在・時間・自由をめぐる哲学ガイド』春秋社）.
Cooke, M.（1998）"Introduction, " in Habermas（1998）.
D'Andrade, R.（2006）*Searle on Institutions, Anthropological Theory* 6, No. 1.
Daw, N. D., Niv, Y., and Dayan, P.（2005）"Uncertainty-based competition between prefrontal and dorsolateral systems for behavioral control," *Nature Neuroscience*, 8, pp. 1704–1711.
Dworkin, R.（1977）*Taking Rights Seriously*, Harvard University Press.（木下毅・小林公・野坂泰司訳（1986）『権利論』木鐸社）.
Foucault, M.（1975）*Surveiller et Punir*, Gallimard.
深谷克己（2010）『田沼意次——「商業革命」と江戸城政治家』山川出版社.
Goffman, E.（1959）*The Presentation of Self in Everyday Life*, University of Edinburgh Social Sciences Research Centre.
Grewendorf, G. and Meggle, G.（2002）*Speech Acts, Mind, and Social*

Reality: Discussions with John Searle, Kluwer.

Habermas, J.（1976）„Was heißt Universalpragmatik?“ 英語訳 “What is Universal Pragmatics?,” in Habermas（1998）pp. 21–103. 引用は，Habermas（1998）から.

——（1981）*Theorie des kommunikativen Handelns*, Bde, 1–2, Suhrkamp.（河上・フーブリヒト・平井（訳）（1985）『コミュニケイション的行為の理論』上　未来社. 藤沢賢一郎他（訳）（1986）『コミュニケイション的行為の理論』中　未来社）.

——（1992）*Faktizität und Geltung. Beitrag zur Diskurstheorie des Rechts und des demokratischen Rechtstaats*, Suhrkamp.（河上倫逸・耳野健二（訳）（2002）『事実性と妥当性（上）——法と民主的法治国家の討議理論にかんする研究』未来社）.

——（1998）*On the Pragmatics of Communication*, M. Cooke（ed.）The MIT Press.

Hacking, I.（1999）*The Social Construction of What?*, Harvard University Press.（出口・久米（訳）（2006）『何が社会的に構成されるのか』岩波書店）.

Halbwachs, M.（1950）*La mémoire collective*, Paris, Presses Universitaires de France.（小関藤一郎（訳）（1989）『集合的記憶』行路社）.

Hare, R. M.（1952）*The Language of Morals*, Oxford University Press.（小泉仰・大久保正健（訳）（1982）『道徳の言語』勁草書房）.

——（1981）*Moral Thinking: Its Levels, Method, and Point*, Oxford University Press.（内井惣七・山内友三郎（監訳）（1994）『道徳的に考えること——レベル・方法・要点』勁草書房）.

Hart, H. L. A.（1961）*The Concept of Law*, Clarendon Press.（矢崎光圀監訳（1976）『法の概念』みすず書房）.

橋爪大三郎（1985）『言語ゲームと社会理論』勁草書房.

——（2009）『はじめての言語ゲーム』講談社現代新書.

檜垣立哉（2010）『フーコー講義』河出書房新社.

平野仁彦・亀本洋・服部高宏（2002）『法哲学』有斐閣.

細江守紀・村田省三・西原宏（編）（2006）『ゲームと情報の経済学』勁草書房.

藤田覚（2002）『近世の三大改革』山川出版社.

深谷克己（2010）『田沼意次——「商業革命」と江戸城政治家』山川出版

社.
飯田隆（2004）『クリプキ——ことばは意味をもてるか』日本放送出版協会.
石黒浩（2009）『ロボットとは何か——人の心を映す鏡』講談社.
伊勢田哲治（2008）『動物からの倫理学入門』名古屋大学出版会.
JEM（2002）“The Ramification of John Searle's Social Philosophy of Economics,” *The Journal of Economic Methodology*, Vol. 9, No. 1., March 2002, pp. 1–87.
Johanson, P., Hall, L., Sikström, S., and Olsson, A.（2005）“Failure to detect mismatches between intention and outcome in a simple decision task,” *Science*, 7, 310, pp. 116–119.
加地大介（2008）『穴と境界——存在論的探究』春秋社.
亀本洋（1990）「法解釈の理論」大橋智之輔・三島淑臣・田中成明（編）（1990）『法哲学綱要』青林書院，pp. 224–242.
——（2002）「第 5 章　法的思考」平野仁彦・亀本洋・服部高宏（2002）『法哲学』有斐閣，pp. 189–270.
柏端達也・青山拓央・谷川卓編訳（2006）『現代形而上学論文集』勁草書房.
加藤一巳（2008）「6　役割取得と自我形成——G・H・ミード『精神・自我・社会』」井上俊・伊藤公雄（編）（2008）『自己・他者・関係』世界思想社，pp. 55–64.
Kelsen, H.（1945）*General Theory of Law and State*, Harvard University Press.（尾吹義人訳（1991）『法と国家の一般理論』木鐸社）.
Kim, H., Adolphs, R., O'Doherty, J. P., and Shimojo, S.（2007）“Temporal isolation of neural processes underlying face preference decisions,” *Proceedings of the National Academy of Sciences* USA, 13, 104, pp. 18253–18258.
Koepsell D. and Moss, L. S.（eds.）（2003）*John Searle' Ideas about Social Reality: Extensions, Criticisms, and Reconstrucions*, Blackwell.
河野哲也・染谷昌義・齋藤暢人（編）（2008）『環境のオントロジー』春秋社.
Kripke, S.（1982）（1982）*Wittgenstein on Rules and Private Language*, Harvard University Press.（黒崎宏（訳）（1983）『ウィトゲ

ンシュタインのパラドックス』産業図書).

Kuhn, T. S. (1962) *The Structure of Scientific Revolutions*, Chicago University Press, 2nd edn. 1970.

草柳千早(2008)「4　自己呈示のドラマ――E. ゴッフマン『行為と演技』『儀礼としての相互行為』」井上俊・伊藤公雄(編)(2008)『自己・他者・関係』世界思想社, pp. 33–42.

Lakatos, I. (1978) *The Methodology of Scientific Research Programmes*, Cambridge University Press.

Latour, B. (1999) *Pandora's Hope: Essays on the Reality of Science Studies*, Harvard University Press. (川崎勝・平川秀幸(訳)(2007)『科学論の実在――パンドラの希望』産業図書).

Laudan, L. (1977) *Progress and its Problems: Towards a Theory of Scientific Growth*, University of California Press.

Lepore, E. and Van Gluck, R. (eds.) (1991) *John Searle and His Critics*, Basil Blackwell.

McGinness, B. F. (ed.) (1967) *Wittgenstein und der Wiener Kreis von Friedrich Waisman*, Suhrkamp. (黒崎宏・杖下隆英(訳)(1976)『ヴィトゲンシュタイン全集5　ウィトゲンシュタインとウィーン学団』大修館書店).

Mead, G. H. (1934) *Mind, Self, and Society*, ed. C.W. Morris, University of Chicago. (河村望(訳)(1995)『精神・自我・社会』人間の科学社).

Merton, R. K. (1949) *Social Theory and Social Structure: Toward the Codification of Theory and Research*, Free Press. (森東吾・森好夫・金沢実・中島竜太郎(訳)(1961)『社会理論と社会構造』みすず書房).

中川敏(2009)『言語ゲームが世界を創る――人類学と科学』世界思想社.

中岡成文(2003)『ハーバマス――コミュニケーション行為』講談社.

中山幹夫(2005)『社会的ゲームの理論入門』勁草書房.

中山竜一(2000)『二十世紀の法思想』岩波書店.

Nakayama, Y. (2010) "Logical Framework for Normative Systems," *SOCREAL 2010: Proceedings of the 2nd International Workshop on Philosophy and Ethics of Social Reality*, 27–28 March 2010, Hokkaido University, pp. 19–24.

Nakayama, Y., Igashira, M. and Koyama, T. (2010) "Existence of an operator of a teleoperated android during a conversation," *Proceedings of the 7th International Conference on Cognitive Science*, pp. 433–434.

中山康雄 (2002)「経験主義的全体論」『科学基礎論研究』Vol. 29, No. 2, pp.9–15.

—— (2004)『共同性の現代哲学——心から社会へ』勁草書房.

—— (2005)「四次元メレオロジーと人物の同一性」『科学基礎論研究』第 104 号, Vol. 33, No. 1, pp. 1–7.

—— (2007)『言葉と心——全体論からの挑戦』勁草書房.

—— (2008)『科学哲学入門——知の形而上学』勁草書房.

—— (2009a)『現代唯名論の構築——歴史の哲学への応用』春秋社.

—— (2009b)「河野哲也・染谷昌義・齋藤暢人（編）『環境のオントロジー』(春秋社, 2008 年)」,『科学哲学』42–2, pp. 91–95.

—— (2010a)「規範体系の分析」『大阪大学大学院人間科学研究科紀要』36, pp. 81–98.

—— (2010b)『科学哲学』ブックガイドシリーズ基本の 30 冊, 人文書院.

—— (2010c)「ロボット工学に関する哲学的考察」第 28 回日本ロボット学会学術講演会発表論文集 (CD–ROM 版), 4 ページ.

—— (2011)「形而上学から科学技術論へ」戸田山和久・出口康夫（編）(2011)『応用哲学を学ぶ人のために』世界思想社, pp. 60–70.

中山康雄・福田佑二 (2010)「アフォーダンス系の創発と遷移に関する哲学的考察」日本認知科学会第 27 回大会発表論文集 (CD–ROM 版), pp. 605–614.

Nash, J. (1951) "Non-cooperative Games," *Annals of Mathematics* 54 (2), pp. 286–295.

Newton 別冊 (2008)『再生医療への道を開く——iPS 細胞』ニュートンプレス.

西阪仰 (1987)「普遍語用論の周縁—発話行為論とハーバーマス」藤原安信他（編）(1987)『ハーバーマスと現代』新評論, pp. 161–181.

岡田章 (2008)『ゲーム理論・入門——人間社会の理解のために』有斐閣.

奥雅博 (1982)『ウィトゲンシュタインの夢』勁草書房.

大石慎三郎 (1991)『田沼意次の時代』岩波書店.

大屋雄裕（2006）『法解釈の言語哲学——クリプキから根源的規約主義へ』勁草書房.

Parsons, T.（1937）*The Structure of Social Actions*.（稲上毅・厚東洋輔（訳）（1976）『社会的行為の構造』木鐸社）.

Piaget, J.（1962）*Play, Dreams and Imitation in Childhood*. New York: Norton.

Poudstone, W.（1992）*Prisoner's Dilemma*, Doubleday（松浦俊輔（訳）（1995）『囚人のジレンマ——フォン・ノイマンとゲームの理論』青土社）.

坂上雅道・山本愛美（2009）「意思決定の脳メカニズム——顕在的判断と潜在的判断」『科学哲学』42-2, 日本科学哲学会, pp. 29–40.

Saracho, O. N. and Spodek, B.（2003）*Contemporary Perspectives on Play in Early Childhood Education*.（白川・山根・北野（訳）（2008）『乳幼児教育における遊び——研究動向と実践への提言』培風館.

Sayre-McCord（2007）"Metaethics," *Stanford Encyclopedia of Philosophy*, http://plato.stanford.edu/

Searle, J. R.（1969）*Speech Acts: An Essay in the Philosophy of Language*, Cambridge University Press.（坂本百大・土屋俊（訳）（1986）『言語行為』勁草書房）.

——（1979）*Expression and Meaning – Studies in the Theory of Speech Acts*, Cambridge University Press.（山田友幸（訳）（2006）『表現と意味——言語行為論研究』誠信書房）.

——（1983）*Intentionality: An Essay in the Philosophy of Mind*, Cambridge University Press.（坂本百大（訳）（1997）『志向性——心の哲学』誠信書房）.

——（1986）"Meaning, Communication, and Representation," R. E. Grandy and R. Warner (eds.) *Philosophical Grounds of Rationality*, Clarendon Press.

——（1991）"Habermas," in: Lepore and Van Gluck（1991）, pp. 89–96.

——（1995）*The Construction of Social Reality*, The Free Press.

——（2001）*Rationality in Action*, The MIT Press（塩野直之（訳）（2008）『行為と合理性』勁草書房）.

—— (2010) *Making the Social World: The Structure of Human Civilization*, Oxford University Press.

Shimojo, S., Simon, C. Shimojo, E. And Scheier, C. (2003) "Gaze bias both reflects and influences preference," *Nature Neuroscience*, 6, pp. 1317–1322.

塩沢由典（1990）『市場の経済学』筑摩書房.

Sider, T. (2001) *Four Dimensionalism: An Ontology of Persistence and Time*, Oxford University Press.（中山康雄（監訳）小山・齋藤・鈴木（訳）（2007）『四次元主義の哲学——持続と時間の存在論』春秋社）.

Siegfried, T. (2006) *Beautiful Math: John Nash, Game Theory, and the Modern Quest for a Code of Nature*, Joseph Henry Press.（富永星（訳）（2010）『もっとも美しい数学——ゲーム理論』文藝春秋）.

Smith, B., Ehrlich, I., and Mark, D. (eds.) (2008) *The Mystery of Capital and the Construction of Social Reality*, Open Court.

鈴木光男（2007）『社会を展望するゲーム理論』勁草書房.

竹沢尚一郎（2007）「正常と異常——選別と排除のメカニズム」友枝敏雄ほか（編著）（2007）『社会学のエッセンス』有斐閣，pp. 51–65.

Tsohatzidis, S. (2007) *Intentional Acts and Institutional Facts: Essays on John Searle's Social Ontology*, Springer.

Tugendhat, E. (1992) "Habermas on Communicative Action," in: E. Tugendhat (1992) *Philosopische Aufsätze*, Suhrkamp, pp. 433–440. この論文はもともと別のタイトルで発表されている："Habermas' Concept of Communicative Action," in: G. Seebass and R. Tuomela (eds.) (1985) *Social Action*, pp. 179–186.

Tuomela, R. (2002) *The Philosophy of Social Practices*, Cambridge University Press.

内井惣七（1994）「解説とあとがき」R・M・ヘア『道徳的に考えること——レベル・方法・要点』勁草書房，pp. 343–362.

上野千鶴子（編）（2001）『構築主義とは何か』勁草書房.

von Neumann and Morgenstern O. (1944) *Theory of Games and Economic Behavior*, Princeton University Press.（銀林浩・橋本和美・宮本敏雄（監訳）（2009）『ゲームの理論と経済行動』筑摩書房）.

von Wright, G. H. (1951) "Deontic Logic," *Mind*, 60, pp. 1–15.

Wittgenstein, L.（1921）*Logisch-Philosophische Abhandlung*, Wilhelm Ostwald（ed.）, *Annalen der Naturphilosophie*, 14.（野矢茂樹（訳）（2003）『論理哲学論考』岩波書店）.

——（1953）*Philosophische Untesuchungen*.（藤本隆志（訳）（1976）『ウィトゲンシュタイン全集 8　哲学探究』大修館書店）.

——（1958）*The Blue and Brown Books*.（大森荘蔵（訳）（2010）『青色本』筑摩書房）.

——（1964）*Philosophische Bemerkungen*, Rush Rhees（ed.）（奥雅博（訳）（1978）『ウィトゲンシュタイン全集 2　哲学的考察』大修館書店）.

——（1978）*Philosophical Grammar*.（山本信（訳）（1975）『ウィトゲンシュタイン全集 3　哲学的文法 1』，坂井秀寿（訳）（1976）『ウィトゲンシュタイン全集 4　哲学的文法 2』，大修館書店）.

Watson, J. D.（1968）. *The Double Helix: A Personal Account of the Discovery of the Structure of DNA*, Atheneum.（中村桂子・江上不二夫（訳）（1986）『二重らせん』講談社）.

Yamada, T.（2008）"Logical Dynamics of some Speech Act that affect obligations and preferences," *Synthese* 165, pp. 295–315.

山口厚（2008）『刑法入門』岩波書店.

Yamamoto, M., Okuda, J., Samejima, K., and Sakagami, M.（2007）"Differential reward prediction on salient and uncertain perception as revealed by random dot motion stimuli and fMRI," *Society for Neuroscience*, 311.12.

著者略歴

1952 年　静岡県に生まれる
1975 年　京都大学理学部卒
1987 年　ベルリン自由大学哲学部哲学博士（Dr. phil.）の学位取得
現　在　大阪大学大学院人間科学研究科教授
著　書　『時間論の構築』（勁草書房、2003 年）
『共同性の現代哲学――心から社会へ』（勁草書房、2004 年）
『言葉と心――全体論からの挑戦』（勁草書房、2007 年）
『科学哲学入門――知の形而上学』（勁草書房、2008 年）
『現代唯名論の構築――歴史の哲学への応用』（春秋社、2009 年）ほか

規範とゲーム　社会の哲学入門

2011 年 9 月 15 日　第 1 版第 1 刷発行

著者　中《なか》　山《やま》　康《やす》　雄《お》

発行者　井　村　寿　人

発行所　株式会社　勁《けい》　草《そう》　書　房

112-0005　東京都文京区水道 2-1-1　振替　00150-2-175253
（編集）電話　03-3815-5277／FAX　03-3814-6968
（営業）電話　03-3814-6861／FAX　03-3814-6854
理想社・青木製本所

ISBN978-4-326-15418-0　　Printed in Japan

中山康雄　科学哲学入門　知の形而上学　四六判　三一五〇円
中山康雄　言葉と心　全体論からの挑戦　四六判　二七三〇円
中山康雄　共同性の現代哲学　心から社会へ　四六判　二七三〇円
中山康雄　時間論の構築　四六判　二九四〇円
J・R・サール　言語行為　言語哲学への試論　坂本・土屋訳　四六二〇円
J・R・サール　行為と合理性　塩野直之訳　三六七五円
柏端達也・青山拓央・谷川卓編訳　現代形而上学論文集　四六判　三五七〇円
信原幸弘・原塑・山本愛実編著　脳神経科学リテラシー　A5判　三一五〇円

＊表示価格は二〇一一年九月現在。消費税は含まれております。